实证社会科学

（第十二卷）

上海交通大学国际与公共事务学院　编

Social Science Research

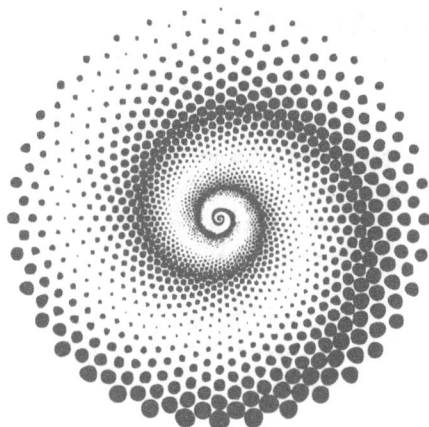

上海交通大学出版社

SHANGHAI JIAO TONG UNIVERSITY PRESS

图书在版编目（CIP）数据

实证社会科学. 第十二卷／上海交通大学国际与公
共事务学院编. -- 上海：上海交通大学出版社，2025.
7. -- ISBN 978-7-313-32907-3

Ⅰ. C53

中国国家版本馆 CIP 数据核字第 20258Q8B29 号

实证社会科学（第十二卷）

SHIZHENG SHEHUI KEXUE（DI-SHIER JUAN）

编　　者：上海交通大学国际与公共事务学院				
出版发行：上海交通大学出版社		地　　址：上海市番禺路 951 号		
邮政编码：200030		电　　话：021 - 64071208		
印　　制：上海万卷印刷股份有限公司		经　　销：全国新华书店		
开　　本：710 mm×1000 mm　1/16		印　　张：9.75		
字　　数：142 千字				
版　　次：2025 年 7 月第 1 版		印　　次：2025 年 7 月第 1 次印刷		
书　　号：ISBN 978 - 7 - 313 - 32907 - 3				
定　　价：59.00 元				

实证社会科学
Social Science Research

主办单位： 上海交通大学国际与公共事务学院

编委会成员： （按姓氏笔画排列）

边燕杰（西安交通大学）　　　　李连江（香港大学）

杨开峰（中国人民大学）　　　　肖唐镖（南京大学）

吴建南（上海交通大学）　　　　邱泽奇（北京大学）

何艳玲（中山大学）　　　　　　陆　铭（上海交通大学）

陈映芳（上海交通大学）　　　　陈　捷（上海交通大学）

易承志（上海交通大学）　　　　庞　珣（清华大学）

赵鼎新（芝加哥大学）　　　　　胡　近（上海交通大学）

钟　杨（上海交通大学）　　　　唐文方（艾奥瓦大学）

唐世平（复旦大学）　　　　　　阎学通（清华大学）

敬义嘉（复旦大学）　　　　　　谢　宇（普林斯顿大学）

蓝志勇（亚利桑那大学）　　　　樊　博（上海交通大学）

编辑部成员：

易承志　　樊　博　　陈映芳　　刘帮成　　陈永国　　黄琪轩

陈慧荣　　魏英杰　　杜江勤　　韩广华　　杨　姗　　奚俞勰

目　录

CONTENTS

Research Articles

Literature Review

Part 1

研究文章

修正与超越：后实证主义方法论的理论立场及逻辑

袁方成　毕思艺*

摘　要：自20世纪80年代起,拒斥形而上学、坚持"价值中立"、以经验证实为尊、推崇量化方法优先的实证主义方法论的局限和不充分性,遭到诸多学者的批判和诘难。后实证主义通过反思实证主义基本信条、重建分析哲学的形而上学基础,否认主客体二元论、纠正"价值中立"的玄想,强调科学的可证伪性、重设科学的划界标准,强调定性与定量方法的结合、破除研究方法的一元化,在方法论层面实现了对于实证主义的修正与超越。后实证主义对于实证主义范式的纠偏,为社会科学研究提供了新的思路,避免走向狭隘和封闭。

关键词：方法论;后实证主义;实证主义;范式

一、引　　言

19世纪上半叶,西方自然科学特别是进化论的迅猛发展,为实证主义

---

*　袁方成(1978—　),男,深圳大学政府管理学院教授、博士生导师,全球特大型城市治理研究院研究员,研究方向为中外地方与基层治理,E-mail: yuanfangcheng@126.com;毕思艺(2000—　),女,华中师范大学政治与国际关系学院硕士研究生,研究方向为中外地方与基层治理,E-mail: bisiyi@foxmail.com。

提供了新的方法论依据。从词义学看，实证主义作为科学哲学中的一种立场，指的是那种只承认经验事实的有效性的哲学观（Collins，1992）。作为一种极具影响力的哲学思潮，实证主义在自然科学中得到了广泛的应用，它提倡事实与价值的分离，崇尚理性与经验，将自己的理论视作为统一一切科学的"科学哲学"。

诚然，实证主义的确曾作为一种革命性力量，在社会科学领域产生了极大的社会影响。19世纪初，革命动荡后的法国面临着深刻的思想危机，在哲学无法对于人类社会的价值和意义做出合理解释的时候，以孔德为代表的哲学家们尝试以自然科学为基础构筑哲学理论体系，通过经验所获取的知识代替黑格尔等人提倡的思辨的形而上学。进入20世纪后，维也纳学派掀起一场力求实现"统一的科学"的学术运动，试图建立起"科学的哲学"。这不仅以科学方法的共同概念为前提，而且以一种借助逻辑的形式语言为前提，所有领域的科学理论都可以依据这种形式语言表述出来。

自以孔德、斯宾塞等人为代表的第一代实证主义发展以来，实证主义经由几代演变，不断发展成为理论完备的哲学体系，凭借其强势、鲜明的科学特征，推动着社会科学朝着制度化、规范化的方向发展，以方法论姿态指导着研究在走向科学的道路上不断前行。各个学科以实证主义为理论基点，开始构建统一的科学框架，并尝试从多种进路展开研究。

然而，这种方法将无法被检验或不可观察的知识来源视作"不科学"的而予以拒绝，遭到许多学者的批判和诘难。首先，随着实在论的发展，人们逐渐意识到逻辑实证主义在现代科学中不再成立，实证主义也并非解决科学界定问题的灵丹妙药。有学者逐渐认识到自然科学研究自身也存在局限性，并不能提供一种普适性理论，由此试图冲破实证主义的藩篱。他们认为，实证主义排除了认识世界的诸多来源（如定性的访谈数据），如果缺少这些来源，社会科学调查的许多领域将受到影响而变得贫瘠；实证主义致力于将主观性从研究过程中去除，否认了研究者的反思性作用；等等。其次，实证主义方法论所强调的拒斥形而上学、经验证实主义、价值中立原则、类自然科学的研究方法都在不同程度上遭到了批驳与质疑。实证主义方法论上存在的局限使其深陷理论黑洞，难以解决现有的问题和政策困境。受以上种种原因的影响，一种新的科学哲学即后实证主义出现了。

对于许多后实证主义者来说，实证主义不仅在认识论和本体论上有缺陷，它也是造成现代世界众多社会弊病和政治灾难的罪魁祸首。但是，后实证主义并不意味与实证主义彻底决裂，而是提出"在实证主义之后存在着一些也值得考虑的东西"。后实证主义者保留了过去的许多方法论成果，同时回应了逻辑实证主义的种种弊端，为科学思考提供了一种新的方式，突破了实证主义的狭隘视角，以一种更广泛的方式来研究现实世界的诸多问题。

二、后实证主义的探索与转向

实证主义诞生于 19 世纪 30—40 年代，此时法国、德国等相继完成了产业革命，处于新旧势力激烈交锋的时代。资产阶级开始从革命的阶级逐渐转变为保守的阶级，需要新的理论宣传资产阶级的政治主张。科学技术的迅猛发展也对社会哲学提出了新的发展要求，越来越多的人开始关注科学背后的哲学理论，试图建立一种拒斥形而上学、可以获得确切知识的可靠性哲学。在新兴的数字化与机械自然观的影响下，宗教神学的光辉日益被理性精神和实证精神所取代，自然科学逐渐登上历史舞台。为了满足资产阶级意识形态上的需要，实证主义浪潮席卷而来。

实证主义作为一股强劲的社会思潮风靡一时，经由几代演变日臻成熟，成为政策科学必不可少的观点导向和参照标准。然而，自行为主义革命之后，实证主义逐渐丧失其"实证精神"，其所宣称的还原论存在着无法避免的缺陷而饱受诟病，阻碍了众多年轻研究者的研究道路。实证主义哲学对于现存的事物抱有完全肯定的态度，并要求思想适应现实，实际上使其本身成为一种"绝对的实在"（Marcuse，1969）。实证主义缺乏批判否定的精神必然导致研究者受限于单一的研究方法，在实践中产生消极的作用。

自20世纪80年代起,实证主义主流理论遭到后实证主义的挑战和质疑。实证主义方法论在自身发展不足的情况下,还面临着深刻的社会危机和学术危机,越来越多的人开始怀疑视自然科学研究方法为唯一科学的实证主义方法论是否可能,甚至质疑社会科学是否可能。

由后实证主义学者的质疑演化而来的批判经历了从客观分析到彻底批判的转变(仰海峰,2000)。对于实证主义方法的批判,是在客观分析实证主义方法本身的"科学性"地位上进行的。卢卡奇的逻辑落脚点立足于黑格尔的辩证法,以批判实证主义的"事实"方法论,指出将准自然科学的方法移植于社会科学中的行为是不科学的。他认同"事实"在方法论中的重要作用,但必须认识到事实是历史演变的产物(Lukács,1792)。对于实证主义方法的经验"事实",即采取何种方法才适于认识有关的"事实"以及客观"事实"融入方法论的途径存在质疑,认为不可以简单移用自然科学的方法研究"事实"。实证主义方法意图将纯"事实"抽离于"外界",实际上是"在现实世界的现象被放到(在实际上或思想中)能够不受外界干扰而探究其规律的环境中得出的"(Lukács,1792)。暗藏其中的是一种超验的形而上学思维。

基于对实证主义的审读,批判者们试图建立起一门严格科学意义上的哲学。胡塞尔将对欧洲问题的探讨提升到哲学的高度,指出在这个时代,哲学有屈服于实证主义、怀疑主义和非理性主义的危险,这些错误思潮排挤了传统的理性主义的精髓(Husserl,1970)。实证主义方法秉持经验性原则,使其在方法论上呈现出唯心主义的特征,尤其是在以孔德为代表的经典实证主义时期。孔德提出思想发展的"三阶段论",即每一种知识或观念都会经历三个不同的阶段:神学阶段(虚构阶段)—形而上学阶段(抽象阶段)—科学阶段(实证阶段)(Comte,2000)。科学阶段(实证阶段)是经由神学阶段,再到形而上学阶段演变而来的。其实证主义的特点之一在于,孔德并不认为科学是基于单一的逻辑。在他看来,各种科学在其假设和方法上有些不同,但同时又形成了整体结构的一部分。这些假设和方法也是在每一门科学的历史发展过程中(从神学和形而上学的思想中)产生的。只有到了实证阶段,人们才开始专注于经验世界。但孔德把思想本身当作思想发展的原因,实质上是一种主观唯心主义的经验论表达。

20世纪中期，"后"这一前缀开始被广泛使用在文学批评和其他领域中。它是在实证主义之后出现的一种历史立场，象征着基于对现有传统的幻想破灭而重新开始的渴望（Malcolm，1995）。学界对于后实证主义的界定各不相同，大多数学者将卡尔·波普尔及其追随者归为后实证主义范畴（Nigel Pleasants，1997；Phillips and Burbules，2000；Reinhard Neck，2015；曾荣光、罗云、叶菊艳，2018；Sinead Ryan Gemma，2019），也有研究者把拉图尔的相关理论和 STS（science and technology studies）项目也归于后实证主义（Zammito，2004）。在普遍意义上，"后实证主义"一词的身份问题尚不明确，是一个有始无终的、不明确的概念：它是实证主义经由几代演变，取代逻辑实证主义后形成的科学哲学；相反，许多学者往往使用"反实证主义"一词以批判实证主义的种种弊端。

其中一类被视为对于实证主义的批判和延伸。它被认为是仅限于在社会科学中，继实证主义之后，保留了实证主义核心要素的一些方法。更严格地说，后实证主义可以被理解为 20 世纪中后期产生的分析哲学传统对于实证主义的批判，包含了被实证主义视为不科学而拒绝的研究方法。它的产生标志着一个事实：从崩溃的实证主义方法的废墟中，发展起来了一种新的方法。对于实证主义的批判集中于"自然科学作为一个整体，最终被理解为仅仅是越来越多的可观察事实的不断积累"（Friedman，1999）。

有时对于后实证主义的解释则更加多样化。它主要包括 19—20 世纪的解释学、马克思主义、现象学、民族方法学、结构主义、后现代主义、后结构主义，以及"新唯物主义"和后人道主义（Hammersley，2019）。这些方法对实证主义以及之前以实证主义为基础的社会科学的主导方法提出了更为根本的挑战。随着实证主义科学哲学被不同的后实证主义思想流派所拆解，如卡尔·波普尔的证伪主义、保罗·费耶阿本德的方法论多元主义、批判理论、女权主义理论、建构主义等思想，人们逐渐意识到，社会世界不能像自然世界那样被研究，也不可能提供因果性质的解释。

表 1　后实证主义的理论涵指和代表观点

主　要　观　点	代　表　作　者
强调"批判性多元主义"（critical multiplism①）或"特定的多元主义"（a certain pluralism），后实证主义者是批判的现实主义者（critical realists）	Guba E G （1990）；Phillips D C, Burbules N C （2000）；Letourneau N, Allen M （1999）；Panhwar A H, Ansari S, Shah A A （2017）
包括批判理论、女性主义、后现代主义、历史社会学、规范理论、建构主义、后结构主义和科学现实主义等	王逸舟（2007）；Enn Y S （2016）；殷杰（2017）；Baylis J, Smith S, Owens P （2020）；
发展方向包括科学实在论方向、社会建构论方向、精致的经验论	刘大椿（1994）
科学实在论、新康德主义的结构主义和后实证主义的经验论	Richard Boyd（1992）
最重要的理论取向是批判的理性主义、科学史-社会学派和科学实在论	苏国勋（2002）
普遍使用的方法包括批判现实主义评价、行动研究、定量评价和批判现实主义人种志	Sinead Ryan Gemma（2019）
哲学理论代表包括卡尔·波普尔、雅各布·布朗诺夫斯基②、托马斯·库恩和查尔斯·汉森	Alexander M. Clark （1998）
质的研究主要基于三种"另类范式"，即后实证主义、批判理论和建构主义	陈向明（2000）
建构主义的认识论假设是非实证主义的；批判现实主义是反实证主义的	Mir R, Watson A （2000）；Kwan K M, Tsang E W （2001）

注：① PANHWAR A H, ANSARI S, SHAH A A, 2017. Post-positivism：an effective paradigm for social and educational research［J］. International Research Journal of Artsand Humanities，45：253－259.

　　② BRONOWSKI J, 1951. The common sense of science［M］. Cambridge, MA：Harvard University Press：133.

　　上述对于"后实证主义"的理解并非完全对立。后实证主义并非实证主义其他形式的延续，也不等同于"反实证主义"。相反，它是一种探索式的替代方法，是理论体系内部的修正，部分后实证主义的研究观点更是某种方法的多元化（Phillips and Burbules，2000）。后实证主义不仅描述了一种不同的认识世界的方法，同时也隐含着对现实本质的评估。它抛弃了实证主义的核心假设，为其理论延续和科学统一观的争论提供了一种可行的解决方法。虽然建构主义、后结构主义、批判理论、女性主义理论等观点之间存在着不同，但均可归为后实证主义的范畴。如实证主义者、后实证主义者和解释主义者（常被称为建构主义者）存在着截然相反的立场。实证主义者认为存在一个客观的现实可以被研究、捕捉和理解（Guba，1990）。解释主义的关键原则之一在于现实是社会建构的。而后实证主义者试图寻求一种消除二者间两极对立的调查方法（Howell，2012），认为存在着可以以各种方式探索的多种现实（Lukman，2021），每个人对于现实的看法存在差异，现实是不完美的，永远不可能被完全理解，充其量只能被近似理解。

伴随实证主义与后实证主义的方法论之争，人们开始普遍相信，实证主义仅仅挪用类自然科学的解决方法去处理极其复杂的社会现象是存在局限的。同时，反对单一的科学方法逐渐成为主流。部分学者将逻辑实证主义、后实证主义等归为实证主义的发展范畴，将其视为实证主义哲学倾向中的不同流派，梳理实证主义的发展演变及其特征；部分学者认为实证主义分为以孔德、穆勒等人为代表的传统实证主义，以经验批判主义为代表的第二代实证主义，以及以维也纳学派为代表的第三代逻辑实证主义；也有学者认为，逻辑实证主义属于自然科学革命后发展起来的第三代实证主义。本文所提到的实证主义并不仅仅是早期的经典实证主义，而是将逻辑实证主义归为实证主义范畴，将其与20世纪80年代后兴起的后实证主义进行归纳和对比，力图说明二者在方法论上的区别。

三、"回归形而上学"：重建形而上学的基础

本体论、认识论和方法论之间难以画出一条严格明晰的界线，本体论和认识论会侧面反映到方法论中来。因此，笔者首先从本体论和认识论的角度出发，探讨后实证主义方法论对于传统哲学形而上学基础的重建。

本体论是关于存在的哲学理论，涉及为了相信某些东西有意义或真实而做出的假设，或正在调查的社会现象的本质或精髓。它有助于促进对构

成世界的事物的理解,试图回答什么是存在,存在的本质是什么,以及它们之间的关系。实证主义依据经验主义原则,将理性限制在经验范围以内,拒斥研究世界本原问题,并称其为传统哲学的形而上学假定,拒绝诸如超验知识的思辨。这里的形而上学指的是作为本体论的形而上学,即超验的本体论体系,感觉经验以外的事物不在实证主义的范围之内。在实证主义者眼中,思辨的形而上学体系是毫无意义可言的,形而上学的研究也不利于科学知识的发展,是伪科学,真正的科学要建立在以观察与实验为基础的经验事实之上。在这种立场之上,不可观察的概念仍然被否认为是任何形式的真实存在。哲学的正确方法应该是:除自然科学命题之外,不说什么事情。所有表达形而上学的命题都是虚假的、无意义的(Wittgenstein and Ogden,1998)。孔德的立场也是反形而上学的,他拒绝将因果关系视为"形而上学",认为科学的任务是对现象的可观察特征进行经验性的记录和分类,并在此基础上进行仔细推理,以期发现普遍规律。

逻辑实证主义者认为语言的逻辑分析才是哲学的任务,而形而上学是一个语言问题。他们通过逻辑分析批判客观主义的本体论,如哲学家卡尔纳普就曾概括形而上学只是"空洞的语词排列",实际上什么也没有说明(Carnap,1934)。但是,并不像传统实证主义者那样认为形而上学是错误的,以维也纳学派为代表的逻辑实证主义者信奉一种信念,即涉及不可观察的事物(如形而上学、某些精神活动)的问题应被视为不可说的、不科学的而不予考虑(石里克,1982)。逻辑实证主义者不仅回避本体论问题,而且还回避那些与本体论问题密切相关的认识论问题。他们往往通过逻辑证明来衡量形而上学的命题是否具有意义,试图以此区分科学命题与形而上学命题,在本体论层面毫不留情地剔除形而上学(Feibleman,1951)。

逻辑实证主义者以"能否被经验证实所证实"作为标准,以此区分有意义(科学命题)与无意义(形而上学命题)的命题,实际上则是将全部形而上学视作无意义,无论正确与否,这在某种程度上是对于黑格尔形而上学的片面继承。由于感觉经验只对经验类的科学有作用,实证主义者对于形而上学的拒斥本身就是立足于经验科学的基础之上的,通过将整个现实还原为经验现实的做法并没有彻底"消灭"形而上学,实际上是提出了另一种经验主义的形而上学,是一种"自己'废弃'自己的行为"(Habermas,1972)。艾耶尔(2005)更是称海德格尔对于形而上学的理解是"假充内行的表演"。由于缺乏强有力的依据和价值引导,实证主义方法论未能跳出形而上学的泥淖,最终的结局只能走向自我混乱。

从严格意义上来说,实证主义并没有自己的本体论,因为在拒斥形而上学的同时,其所坚持的理论的前提预设已然陷入形而上学的窠臼。此外,实证主义者可能受到不同的本体论指导,如国际关系理论中,坚持实证主义观点的现实主义者将国家(尤其是大国)视作主导性的国际行为体。现实主义代表人物之一的沃尔兹就将国家作为国际关系的最基本和最主要的行为体,而坚持同样方法论观点的自由主义代表则认为,许多具备足够经济实力的非国家行为体也发挥着重要的作用。

后实证主义并非回归于传统的形而上学,而是重建分析哲学的形而上学基础。20世纪70年代以后,随着奎因等哲学家对于实证主义基本信条的反思,形而上学的地位被重新注意到。奎因批判逻辑实证主义的两个教条制约了现代经验论的发展,应重新考虑哲学与科学二者的关系,冲破拒斥"形而上学"的极端思想。波普尔并没有彻底反对形而上学,而是肯定了它对于科学的影响,"从心理学的角度来看,如果不相信纯粹思辨性的,甚至有时相当模糊的观念的信仰,就不可能有科学发现"(Popper,2002)。

诸多后实证主义学者对于后实证主义科学观进行了重新梳理。在归纳了后实证主义科学观的四大假定之后,亚历山大从新功能主义的视角出发,进一步指出科学的陈述并不是由单一的环境来决定的,而是经验逻辑与理论逻辑共同作用的产物,科学结论是基于经验环境与非经验的形而上学环境这一"科学连续体(scientific continuum)"相互作用的产物(Alexander,1982)。这一概念的提出,尤其强调了一般性话语的独立性和重要性,指出科学过程中存在着被实证主义忽略的"理论逻辑"。

需要注意的是,这种理论改造的尝试并没有解决根本问题,基于本体论导向,实证主义者和后实证主义者都存在着共同的形而上学结构(Patomäki and Colin,2000)。这一结构将他们对现实的看法建立在有问题的"人类中心主义"之上。

后实证主义者通过重建分析哲学的形而上学基础，并以此试图克服形而上学的思辨性，例如亚氏通过重构以帕森斯为代表的功能主义，提出后实证主义方法论四大基本原则，使得后实证主义方法论整体呈现出回归形而上学环境与经验环境相连接的倾向。

四、"重构功能主义"：经验与形而上学的统一

以培根、休谟等人的主观经验论为思想基础的传统实证主义坚持经验主义原则，强调观察是一切研究和科学的基础，只有被经验证实的知识，才是确实可靠的知识；反之，那些不能够被经验或感觉所证实的知识则是不科学的。

逻辑实证主义亦遵循经验主义的传统，反对"形而上学"，但对于经验主义原则的解释经历了从强化到放宽的变化。弗里德曼（1993）指出，逻辑实证主义哲学议题的原动力来源于19世纪末的几何学研究工作，这种新潮的几何学观念中还包含着非经验的陈述。这一时期正值哲学发展的两难境地，逻辑实证主义赞同传统实证主义关于知识之确定性观念的追求。但是，在保证确定性的途径方面，除了实证主义所强调的经验之外，逻辑实证主义还强调科学语言的逻辑和数理逻辑的思想，即除经验命题和数学命题之外的一切命题都是无意义的。逻辑实证主义对逻辑分析的重要性有了更全面的了解，认为在经验产生之前，事物间的逻辑就已存在，并可以通过语言归纳的理论命题来体现。

以往的实证主义传统将"经验陈述可以和非经验陈述以及关于一般问题的论述相分离"作为预设之一，从而忽视了一般性话语。而在后实证主义代表人物之一——亚历山大的"科学连续体"概念中，相对于经验环境一侧的事实性陈述，还应注意与其相对的另一端的理论性陈述。亚历山大基于传统的实证主义的四大假定，提出了较为成熟的后实证主义方法论四大基本原则，格外强调理论研究的地位（Alexander，1982），并试图以后实证主义为方法论基础重构帕森斯的功能主义思想（苏国勋，1990），实现对于以

实证主义为方法论基础的传统功能主义的超越。华莱士于1971年提出社会研究的逻辑模型，也指出除经验研究以外理论研究的重要性。

对于社会科学来说，非经验因素对于理论知识的发展同样重要。如前文所述，早在实证主义时期，就已经存在着某种本质上的非经验因素，逻辑实证主义者对于康德"先天综合""纯粹直觉"等概念的摒弃，蕴含着对于严格意义上的经验主义原则的放宽，但实证主义坚持认为经验与非经验因素之间存在着根本分歧，对于非经验因素的强调在后实证主义时期才显得尤为突出。

经验的承诺也不能仅仅以实验证据为基础。实证主义强调世界由普遍规律构成，这种万无一失的普遍规律是通过对零星知识的拼凑累积来发现的。它相信客观规律的存在和发现客观规律的可能，且规律本身只能在以客观中立为前提要求的经验主义研究方法中发现。这种以规律为中心的科学观点受到了来自波普尔、库恩等科学理论家的挑战，他们特别强调普遍归纳的局限性和影响科学家工作的感性因素的作用（Clark，1998）。

后实证主义方法论认为，独立于文化背景、理论框架等因素的绝对正确的经验材料是不存在的，一切研究都需要有一个预先设定的理论范式做支撑，自然科学的研究也不能完全排除主观因素的干扰。如学者伊斯顿所言，"我们不能像脱掉自己的外套般在研究中轻易地抛弃我们的价值观念。……一种摆脱价值观念的社会科学的理想，已经显出它自己是个妄想"（伊斯顿，1993）。

相较于实证主义者所强调的，应将研究对象限定在可感知的经验世界中，研究要立足于可以进行观察和实验的经验事实。后实证主义方法论则更为强调理论研究与经验观察的双向互动、双向启迪，既重视以理论研究为指导，又重视从经验观察中归纳出认识，这一点在亚历山大的《社会学的理论逻辑》著作中有所体现。亚历山大以后实证主义方法论为指导所提出的新功能主义，是对以帕森斯为代表的功能主义思想的超越，提供了新的理论视野，以促进理解社会行为与秩序二者间的关系。相较于以经验事实为尊的实证主义，后实证主义者的立场远不像实证主义者那般教条，而是从根本上提出了一种不同的"科学"概念。当非经验因素被重新注意和重视时，实证主义坚守的"价值中立"原则也面临倾塌的境遇。

五、"理论渗透观察"："价值中立"原则的动摇

"价值"一词的含义受康德在讨论人类尊严时对于"价值"和"价格"二者区分的强烈影响。康德将本体界与现象界分开，将本体界视作不能被认识的，并划定了"纯粹理性"和"实践理性"的界限。科学的"价值中立"说源于哲学家休谟的事实价值二分说。休谟提出"是"与"应当"以及"实然"与"应然"的区分，指出包含"is"的语句或命题（即事实判断）和包含"ought"的语句或命题（即道德判断）之间的性质完全不同，二者存在着不可通约性，不能通过事实判断推出道德判断（Hume，1960）。

以此为基础，康德进一步将自然哲学与道德哲学分开，认为道德哲学应该解决"应该怎样"的问题，而自然哲学中的科学哲学应该解决"是什么"的问题（Kant，1990）。实证哲学的创始人孔德虽然没有直接使用"价值中立"一词，但是他对于实证主义原则的阐述使得"价值中立"原则的创设更具丰富的理论内涵，即强调像使用物理学方法研究自然现象一样客观地分析和解释社会现象，甚至仿照力学研究内容将社会学区分为社会静力学和社会动力学。

实证主义者们总结科学研究中的基本原则，旨在说明研究人员在研究过程中必须抛弃自己的成见。埃米尔·迪尔凯姆更进一步提出了研究的三条准则（Durkheim，1966）：① 在科学研究中，人必须系统地抛弃一切先入之见。无论是决定研究对象还是在调查过程中，社会学家都应该坚决地拒绝使用那些在科学之外形成的、不是为科学所需要而形成的概念。同时，要尽量排除情感介入。② 任何证明或检验首要的和必不可少的条件在于，社会学家首先必须定义他所研究的事物，以便确切指导他的主题。需要注意的是，要从外在的特点而不是内部特点去定义，这个最初的定义决定了科学的主题本身。③ 在自然科学中，丢弃对观察者来说过于个人化的可观察数据，只保留那些表现出足够客观性的数据。

实证主义相信世界由普遍规律构成,也相信客观规律的存在和发现客观规律的可能,且规律本身只能在以客观中立为前提要求的经验主义研究方法中发现。这一方法论的重要价值在于把社会科学从神学和思辨的形而上学中解放出来,主张通过自然科学的研究方法进行科学研究。

在实证主义者看来,社会科学和自然科学之间具有相通性,都是建立在经验观察和实证的研究基础之上的,以斯宾塞等为代表人物的实证主义者坚持"价值中立"原则和事实价值的二元论,试图以此排除科学研究中的意识形态影响。实证主义者相信,经验资料就是事实本身。他们主张运用中性语言,不加价值判断地揭露社会现象,认为科学并不会对于它的研究对象做出价值判断,也无法对于社会事实做出基于好坏的判断,而是一种中立活动。20世纪30—50年代产生的逻辑实证主义作为实证主义的第三代,进一步阐述了"价值中立"原则,承认社会领域中存在着客观规律,但是不再执着于寻找普遍性的社会规律,而把它看作是一种因果规律或概率性规律。

实证主义坚持社会科学家从事中立的科学研究,应该像自然科学家那样,抛却自己的主观情感,仅仅陈述客观的事实,解决"是什么"的问题,不说"应该是什么"。在工作中,社会科学家也应该做到价值中立,少些应然的判断,在报告观察结果时不掺杂个人的主观情感、态度、信念、偏好、价值观等因素,以保持科学研究的客观性。

在区分自然科学与社会科学的边界问题上,人本主义者与实证主义者走向了截然分明的两条道路,人本主义受到新康德主义价值哲学的深刻影响,认为社会现象背后隐藏的"意义"必须通过价值判断或价值关系来认识和解释。与后实证主义存在共性的一点是,新康德主义严格区分自然科学与社会科学,亦主张不可简单挪用自然科学的方法来研究社会领域。韦伯的"价值中立"说源于实证主义者与人本主义者就价值中立问题的争论,但韦伯既没有像实证主义般将价值彻底驱逐出科学的大门,也没有像新康德主义一样,在对待价值问题上走向主观主义和非理性主义,而更像是介于实证主义与人文主义之间的折中。

韦伯的社会科学方法论在20世纪60年代之前常被看作是实证主义,70年代以后,随着"去帕森斯化",实证主义标签逐渐被剥离。韦伯和实证主义者一样,将事实和价值看作是两种"完全异质"的事物,主张事实与价值的分野。由于韦伯接受了新康德主义哲学关于"自然科学与文化科学截然迥异"的观点,因此,在强调文化科学的价值中立时,韦伯很少将自然科学作为参考进行比照。他的"价值中立"说被后世认为是社会科学方法论的先锋,以至于大多学者都通过实证主义观点来阐述韦伯的"价值中立"说。事实上,韦伯并不是一名实证主义者,其"价值中立"说是对于实证主义"价值中立"原则的扬弃,在处理社会科学研究和价值的关系上相较实证主义者更进一步。

在这一时期,社会科学已经从哲学中分离出来。此时的韦伯将目光转移到社会科学与价值的关系问题上。韦伯将"价值中立"与"价值关联"(value-relevance)相联系,他并非主张从社会科学中清除所有社会价值、利益和假设。在韦伯看来,价值观指导并决定着研究项目的选择,社会科学研究必须涉及价值,否则就无法取得长足进展,科学研究者总是会按照某种价值取向去选择、提出、解决问题。但研究人员冷漠的态度与科学的"客观性"并无关系(Weber, 1949),强调"价值中立"也无意取消价值关系,而是要求研究者和描述者在科学研究中要严格区分经验事实与实际的价值评价判断的界限。韦伯的"价值中立"往往与"价值关联"相联系,是一种修补后的"价值中立",保证了社会科学的客观性。

综上,"价值中立"在不同时期的内涵各不相同,缺乏对于"价值中立"含义的统一定义。在社会科学领域内,"价值中立"已经被很多人视为不容置喙的原则和信条,以及衡量是否客观的标准和条件。"价值中立"体现了社会科学的科学属性,有利于保证社会科学的客观性。客观性是科学知识的独特之处,常被视为一种研究方法和规则的特质,它约束了影响知识的任意和偶然的力量(Segerstràle and Ullica, 2000)。实证主义者秉持的"价值中立"原则既是一种方法论思想,也是关于社会科学的总体性观点。"价值中立"本身就是一种价值取向,主张在科学研究中摒弃所有价值因素的判断,以客观事实来区别社会科学、神学和传统形而上学,其中内含了将一切涉及价值问题的判断都排除在科学领域之外的客观主义倾向,存在难以消解的内在矛盾。

科学的模式是多向度的，不可避免地会受到观察者的影响，在实际的学术研究中难以实施。实证主义的这一原则受到了来自各方面学者的猛烈抨击，例如古尔德纳就指出，"现代社会学中的'价值中立'，是研究社会政治失败的社会学实证主义所提出的一种反常的适应物"（Gouldner，1970）。

后实证主义方法论否认普遍性规律的存在，力图打破实证主义"价值中立"的神话，主张一种"修正的客观性"。它重视客观性，但并不认为能够完全实现。在修正的客观性下，后实证主义者将知识看作是易错的存在，"一切观察都渗透着理论"，科学不可避免地会受到价值等因素的影响。因为与个体经验相关的科学是个体认知能力的表现，而知识和理论只不过是在一定的时间和空间条件下的产物，必然要受个体的价值判断、意识形态等制约，永远无法通过完全控制或者消除社会对象（比如人）的外部影响来消除所有偏见。只有经由理论的指导和解释，观察才是有效的。独立于文化背景、理论框架等因素的绝对正确的经验材料是不存在的，一切研究都需要有一个预先设定的理论范式做支撑，自然科学的研究也不能完全排除主观因素的干扰。

在后实证主义方法论下，基于技术的方法被用来减少研究者对于研究结果的偏见，研究者及其看法并不被视为完全脱离探究（Miller，2000）。这并不意味着科学被视为个人观点或个人经验，而是更为强调个人参与和过程。后实证主义方法论倾向于接受无法控制的因素。例如，研究者可能永远无法在处理某种情况或进行实验时摆脱自己的价值观、预设和背景等因素的影响，但他们可以意识到这些因素的存在以及它们将如何影响状况或实验。

实证主义方法中固有的对二元论的严格遵守不能适用于后实证主义。观察者价值的非中立性使得实证主义方法论所强调的事实与价值的分离成为空谈。后实证主义坚持研究的客观性目标，但否认主客体二元论，即认为二元论思维通常是不充分的，观察与被观察者之间并非相互独立，观察的结果不仅与被观察的客体有关，还取决于主体的价值判断、知识结构和预期。实验观察的结果与观察者本身的价值具有相关性，其结果必然是主客体相互作用的产物。随着社会思潮由实证主义向后实证主义转变，学者们开始重新审视并质疑实证主义所恪守的"价值中立"原则。

六、"证伪与试错"：重设科学划界的标准

"可证实原则"最早可追溯至维特根斯坦的"证实观"（Ayer，1959）。除了形式科学，任何命题都必须经过经验的验证，否则就毫无意义。据此原则，唯一可确定的就是实证主义将直接的、具体的经验视作唯一的知识来源，强调以因果关系为基础的"经验证实"对于科学理论的重要性。实证主义认为建立关联和因果关系非常重要，在这种原则之下，一般通过一组数据来证实一个假说。

维也纳学派基于维特根斯坦的"证实观"思想亦赞同经验的可证实性，即"只有可以证实的命题才有意义"（洪谦，1989）。其代表人物之一的石里克对于形而上学命题的论述离不开对于经验证实的赞同。但在可证实性原则之下，形而上学的命题、价值判断等被排除在了科学之外，逻辑实证主义者所强调的数理逻辑也被排除在了"可证实"之外。康福斯谴责逻辑实证主义的"形而上学"性质，认为其显然陷入了一种主观唯心主义（Brown，1952）。此外，如果用这一原则来衡量原则本身，证实原则本身就不含任何意义，它不是一个可以被经验证实的综合命题或分析命题。经验主义自身的极端性使得以维也纳学派为代表的逻辑实证主义者对于"可证实性原则"的合理性产生了质疑并进行了改建。

由于"可证实原则"存在着无法避免的弊端，例如只能以批判态度对待涉及预测未来的普遍命题，卡尔纳普提出了"可确证性原则"，将一项命题的可确证性建立在语境条件的基础之上。逻辑实证主义进一步修正了经验主义，认为传统实证主义者们强调的感官经验并非绝对可靠，他们试图通过主体性检验来摆脱"感官经验"带来的困境。事实上，直到最后，逻辑实证主义也未能对来源于感官经验的知识进行满意的描述，其否认带有主观成分的经验性记录的证实方法实际上是流入了另一种形式主义（霍克海默，1989）。

休谟的质疑清楚地表明，归纳法自身存在着无法确定性和非必然性，它难以对未来进行预测，也无法对过去的联系进行证明，人们很难从归纳法中获得普遍有用的科学知识。通过对 20 世纪早期物理学革命的反思，波普尔认为爱因斯坦在物理学领域革命的特点在于批判，拥有一种不仅对以前的理论而且对他自己的理论所采取的批判态度。他赞同休谟对于归纳推理在逻辑方面存在漏洞的质疑，提出"进化认识论""证伪原则"，向"可证实性原则"发出挑战。在波普尔看来，事实是无确定性且不可靠的，即使是最严格的实证方法也可能存在无法得出结论的情况，并且在某些情况下可能会产生未被发现的错误。科学研究的目的则在于提出一种"尝试性的（tentative）理论"。科学理论在本质上只不过是科学研究者为了解决他们遭遇到的问题，所提出来的一种"尝试性的解释"或"近似的真理"，一步步接近真理，并不等同或是代表"真理"（Popper，2002）。

在波普尔眼中，"可证实性原则"赞赏者所引以为傲的适用性和证实正是它的短处所在（Popper，2014），对科学理论的经验证明只能是一个缺乏必然性的归纳过程，无法证明其正确，实际上是将一切特殊的、个别的事物排除在了"正确"之外。相反，可证伪性才是科学的标志。一个经验的科学的体系在逻辑上要能够被经验严格检验，并且可证伪度越高，它的内容就越丰富，就更具适用性。证伪的可能性取决于方法论上的决定（methodological decisions），即不抱怨数据的不可靠性，不抱怨不明确的干扰因素的干扰，亦不抱怨推导测试预测（text prediction）的理论在数学上的改善和提炼的不足（Hausman，1985）。

像在他之前的许多实证主义者一样，波普尔关注科学划分的哲学问题，他提出"证否"原则，认为科学是由产生假说和验证假说的循环组成的，总是要产生一种理论来替代现有理论。只有当一个理论内部可以提出一种检验，证明该理论是错误的，该理论才是科学的。可证伪性替代可证实性成为科学与非科学的划界标准。

不过，在这个问题上没有必要走到另一个极端。波普尔也承认，即便存在一种理论不符合他对科学的划分，也可以提供一些额外的见解。而在当前无法被证伪，并不代表在将来不能被证伪（Stephen，2018）。此外，将科学的分界定义得过于狭窄也存在着难以避免的风险（Popper，1959）。通过收窄"什么使科学有意义"的定义，理论的创立者总是可以把不符合他们图式的新理论视作是无意义的。波普尔的哲学明确摒弃了逻辑实证主义者作为其语言学转向的一部分而引入的对于意义的关注，转而支持对于真理的关注。

后实证主义方法论认为，可证伪性是科学不可缺少的特征，普遍性的命题在于其"可证伪性"。波普尔的"证伪"原则对于实证主义一直以来坚持的"证实"原则和"价值中立"原则进行了质疑，开启了后实证主义的学术传统。证伪的价值并不只是在于它能够正确看待现有的理论仅仅是一种假设，然后通过另一种假设来推翻以前的假设，从而获取新的知识，而在于它可以通过预测新知识来扩充已有的知识储备。后实证主义方法论将不能被证伪的命题划出科学的范畴。它强调理论的科学性不在于其能否被经验所证实，而在于其能否经经验或观察的检验所证伪。

笔者并不认为波普尔所提出的"证否"与实证主义者所强调的"证实"完全对立。在实证主义时期，大多数研究者认同"可证实性原则"，但"证否"同样存在，且波普尔的证伪过程也蕴含着证实步骤，这一点在他学生拉卡托斯的精致证伪主义那里有所体现。休谟、波普尔等人对于归纳法的批判无疑是值得肯定的，当科学哲学由"实证主义"转变至"后实证主义"之后，整个科学活动的焦点也由命题的实证或否证转移到理论的建构（黄光国，2006）。

七、"批判性多元主义"：破除方法的一元化

崇尚和模仿自然科学的研究方法，坚信自然科学方法的普适性，是实证主义的突出特点之一。实证主义方法论坚持社会科学和自然科学研究的统一性，认为自然科学与社会科学的研究方法之间没有本质的差别。作为英国实证主义的早期代表，穆勒反对演绎主义者所推崇的亚里斯多德三段论式的演绎推理，在培根的归纳法基础之上，提出"穆勒五法"（Mill，1905），

主张将归纳法与演绎法结合，采用"具体的演绎方法"。虽然穆勒从未自称是一名实证主义者，但孔德对他产生的影响，使他与逻辑实证主义者存在很多共通之处，穆勒对于科学的论述经常被后人称为实证主义（Scharff，1995）。特别是，穆勒坚持所有知识都建立在经验证据之上，反对形而上学和对于先验论证的依赖。但是，孔德的实证主义更富有当代哲学意义，这是穆勒著作中所缺乏的。基于孔德《论实证精神》中对于实证主义特质的描述，不难看出实证主义不再坚持追求绝对知识，而是采用观察和推理的方式研究经验材料。法国学者迪尔凯姆对于实证社会学研究方法的论述推动着实证主义理论的进一步发展，他将社会现象的客观性与整体性联系起来，认为要将社会现象作为物来研究，它是"客观的、外在于人的社会事实"（Durkheim，1982）。

进入逻辑实证主义时期，实证主义从最开始强调"经验的直接证实"转而认可"在直接证实之外，还存在着经由逻辑推理的间接证实"，将逻辑与数学形式引入，以传统自然科学的归纳和演绎逻辑等方法为基础，从大量的经验事实上展开分析，强调类似于自然科学的观察法、实验法、比较法、历史法等一系列经验主义的方法，以分析可量化的经验观察及验证假设，将以物理学为代表的自然科学推上了历史的舞台，使自然科学方法达到了一种理想化的地位，并在很长一段时间内保持着绝对的统治地位。

实证主义的诸多原则彼此关联，实证主义者们提倡的"价值中立"原则在自然科学领域适用，因此他们理所应当地认为可以将其移植于社会科学研究领域，却忽略了当中的合理性问题，导致了对定量和可复制的因果概括的执着追求。事实上，早在实证主义诞生之初，实证主义方法论所强调的统一的科学观就已遭到怀疑，狄尔泰就曾指出自然科学与精神科学（原文中使用德文"Geisteswissenschaften"一词，包含了社会科学）之间存在着泾渭分明的区别（Dilthey，1965），反对实证主义者简单移植自然科学的方法。到了20世纪70年代中期，受到以客观主义为特征的社会学和心理分析、以哲学为特色的"语言学转向"等理论和学派的冲击，定量方法的主导地位和相关的实证主义思想受到越来越多的质疑，研究者开始探索和使用多维度视角的研究途径。

英国哲学家休谟从逻辑上否定了归纳法的本体论前提，给了归纳法沉重的打击。他指出，归纳法在逻辑上是不可证明的，无法证明尚未经历过的推理，努力通过论证以证明"将来定与过去相契"这一假设显然是一种迂回绕圈的行为（Hume，1999），以此否认归纳法的有效性。卡尔·波普尔将休谟的怀疑称为"休谟问题"（Popper，1972），他反对逻辑实证主义者的论点之一是主张归纳法在逻辑上是错误的（Popper，2002），对于归纳原则持否定态度，认为实证主义并不符合科学实践的现实，科学也并不是归纳式地从观察向普遍化的法则前进的，而是演绎式前进的（莫里森，2003），并提出"假说演绎法"以回应其所批判的归纳法。

这些哲学家们揭示了以现实主义为主要体现的实证主义研究方法存在的重大缺陷，要想克服实证主义的封闭性，就必须使用多种学科方法充实自己，包括曾经被视作边缘性的学科方法（Mervyn，1986）。后实证主义的种种理论可以概括为三个相互关联的主题：对元科学单位的关注（范式主义），对潜在前提和假设的关注（透视主义），以及向方法论多元主义方向的转变（相对主义）（Lapid，1989）。对于实证主义本体论、认识论的质疑与国际关系领域的"第三次辩论"并行不悖。

基于上述观点，后实证主义方法论的多元化包含三个特点：首先，对于所有方法学一元论（methodological monism）的质疑，这些一元论试图将科学领域标准化、明确和不变的标准制度化（如实证主义科学方法的概念）；其次，承认大量潜在的、富有成效的研究策略的多重性，促进了对将科学视为一个知识与方法的多形态（phlimorphic）实体而非垄断整体的理解；最后，对方法论多样性的认可削弱了对于科学共识的迷恋，导致对于"追求科学异见（scientific dissensus）的新浪潮"（Laudan，1984）的关注。伴随现象学等观点的兴起，实证主义方法似乎丧失了往日的活力。

后实证主义不仅仅是定性和定量方法的结合，而是允许定性和定量方法以及其他情境需要的方法成为研究活动的组成部分。科学仍然被认为需要精确性、逻辑推理和对于证据的密切关注，但是证据并不局限于可以被直接感知的东西。其哲学思想中的建构主义对于以前支撑着定量研究和众多定性研究的现实主义假设发起了挑战，认为存在着独立于研究过程的社会现象,并且这些现象有可能被准确地表述出来。

后实证主义者认为,实证主义所倡导的自然科学的实证方法并不是唯一的,质化与量化研究的区别可以被限制在过去。由于认识到测量、观察存在的固有局限性,现实中不可能通过观察和测量获得真正客观的理解(Gratton and Jones,2010),因而提倡方法的多元化。除定量分析外,后实证主义不排除使用质化的研究方法,以开放性的态度对待不同的研究方法,它积极吸纳质性研究方法,认为也可以通过定性方法去发现社会历史规律,还包括历史、比较、现象学等分析视角。例如,后实证主义者会基于案例研究进行密集的调查,利用定性信息来说明过程、其中的障碍等。它对于定量数据的优先考量,体现在重视因果关系的解释,着重于盘根错节的多变量因素的交互作用,而非简单的几个因素的主要影响。

实证主义者通常使用大量的定量数据集,寻求建立可以检验和用于预测的普遍"真理"。与实证主义相信客观真理的存在不同的是,后实证主义坚持以可误论(fallibilism)的思想为基础。这意味着绝对知识是不可能的,反对知识是建立在绝对安全的基础上的观点。它认为真理不是绝对的,而是可能的(Charles and Bawa,2017),绝对真理无处可寻。且进一步表明,并不存在一个永久固定的"唯一"真理,真理可以根据新的发现和事实而改变。在提出真理要求时,也必须考虑到人类观察和理解现象的能力的局限性(Letourneau and Allen,1999)。其目的不在于否定实证主义在研究中的科学或定量元素,而是强调从多维度、运用多种方法以正确理解科学研究的方向和观点。如今,后实证主义研究方法积极与其他学科的方法相结合,主张采用多元化的回应性评价和方法进行科学研究,为更富有成效的方法开辟道路,其中包括批判现实主义、建构主义现实主义、实用主义现实主义等。实证主义所倾向的定量研究逐渐向定性与定量共用的后实证主义转变。

后实证主义不再把科学研究中的研究对象看作是独立于研究者的第三方存在,允许研究者根据研究问题的性质和观察假设使用多种方法和技术进行研究(Lather,1992),而不是采用固定的、单一的方法。科学固然不被视作是一种个人见解或经验,但研究者的个人参与过程被认为是人类探究的特征。研究者可以根据所处理的研究问题选择特定研究中应用的方法,从而避免潜在的错误和问题。从后实证主义角度来看，它倾向于减少研究者和参与者的个人偏见和歧视，因为它提供了多种研究方法和技术，以确保研究者能够从一个以上的角度参与研究，但研究者必须决定哪种方法与该研究最适配。后实证主义并非意在使用一种具有完全准确性的完美方法，事实上，并不存在这样一种方法，而是通过努力以认识到方法和理论选择中的固有假设和偏见。

八、结　　语

实证主义方法论实质上是一种还原论。它源于思辨的唯物论世界观——原子论，认为复杂的系统是由其各个组成部分的行为及它们之间简单的机械式互动而构成的。其所遵循的基本原则是将被研究的对象或过程层层分解为其组成要素，例如科学理论可以通过其他更基本的科学理论加以阐释。

如前所述，实证主义作为经验性进路的哲学基础，强调"经验导向"和"可证实原则"。在实证主义者看来，科学理论建立在还原论的基础之上，科学可以被还原为经验证实，且只有当一个命题被还原于一个表达观察或知觉的命题时，这个命题才具有意义。实证主义主要集中于对事实和实践层面的问题探讨，从而使其力推的还原论表现为一种要求回归直接经验或可观察的陈述中来。

逻辑实证主义者声称，人类的全部知识可以被还原为分析命题和综合命题，前者是由逻辑和数学句子构成的，后者是由经验科学中的句子构成的。它们主张将数理逻辑与经验相结合，使用"物理学语言"将不同的主体相联系。这种方法实质上就是把一切还原为"物理主义"，把一切命题还原为"物理学语言"，其还原论教条相信每一个有意义的陈述都等值于某种以指称直接经验的名词为基础的逻辑构造（Quine，1953）。然而，还原论最大的问题莫过于要素之间的关系都被视为简单的加法，即原子式的机械关系，从而使其逐渐丧失复杂性。此外，一味遵循自然科学的研究方法亦存在着片面性。

后实证主义方法论是理论体系之内针对实证主义方法论的一种修正。它逐渐发现还原论自相矛盾的困境，并放弃还原主义的立场，尝试通过后实证主义来弥合实证主义社会科学与理解的社会科学之间的矛盾。后实证主义方法论并非机械地遵循其被赋予的价值和准则，而是通过理解的途径解构形形色色的意义以诠释客观现实，并理解影响结果的背景、价值观和环境。正如库恩的设想，后实证主义通过对已有的科学知识进行反思，以逻辑思辨的形式考查其现实局限性，其真正的哲学意图在于解构，在于对传统的还原论教条扬弃的基础之上，解构包括科学哲学在内的以认识论为中心的整个哲学传统。

后实证主义者接受了从奎因、库恩那里继承而来的整体论思维模式，以一种更加符合整体论的方式从实践和经验层面考查、检验理论。因为理论能经过经验的检验，被还原为经验，并不足以说明其正当性，还需要在经验中发挥积极的效用。

总的来看，后实证主义从四方面实现了对于实证主义的修正和超越。首先，重建对于形而上学基础的认识，提倡经验逻辑与理论逻辑的双向互动；其次，仍认为研究应保持客观性目标，但主张事实与价值的分离，实现对于主客体二元论的修正；再次，以"证否论"取代"实证论"；最后，超越了量化优先的研究方法，主张定性方法与定量方法相统一，提倡多元化的方法论。

20 世纪 90 年代，实证主义与后实证主义方法论之争以二者的求同存异而告终。后实证主义通过重建分析哲学的形而上学基础、纠正"价值中立"的玄想、重设科学的划界标准、强调定量方法与定性方法的结合，对于实证主义范式进行纠偏，避免实证主义范式走向狭隘和封闭。然而，实证主义的哲学底蕴尚未消退，对于实证主义的批判也应辩证看待。

简言之，不应全面抛弃实证主义方法论，更应认识到后实证主义方法论存在的局限性。后实证主义方法论并非无懈可击，它仍未摆脱形而上学的窠臼，对于实证主义方法论的纠偏则更多呈现出一种"破而不立"的倾向。即使在后实证主义者之间，理论观点亦存在分歧和个性，如保罗·费耶阿本德就曾质疑库恩的"范式"理论。随着风险社会成为新的社会背景,行动主义等理论成为回应实证主义与后实证主义争论的新思路和新路径。

参考文献

艾耶尔 A J, 2005.二十世纪哲学[M].李步楼,俞宣孟,苑利均,等译.上海:上海译文出版社.

弗里德曼 M, 1993.重新评价逻辑实证主义[J].哲学译丛,(1):17 - 24.

洪谦,1989.逻辑经验主义[M].北京:商务印书馆:43.

黄光国,2006.社会科学的理路[M].北京:中国人民大学出版社.

霍克海默,1989.批判理论[M],李小兵,等译.重庆:重庆出版社.

莫里森,2003.法理学:从古希腊到后现代[M].李桂林,译.武汉:武汉大学出版社.

洪谦,1982.逻辑经验主义:上卷[M].北京:商务印书馆.

苏国勋,1990.新功能主义:当代社会学理论中的一种新的综合视角[J].国外社会科学,(8):3 - 9.

仰海峰,2000.青年卢卡奇:历史认识论中的直观、反思与总体意识[J].南京社会科学,(2):9 - 11.

伊斯顿,1993.政治体系:政治学状况研究[M].马清槐,译.北京:商务印书馆.

曾荣光,罗云,叶菊艳,2018.寻找实证研究的意义:比较—历史视域中的实证主义之争[J].北京大学教育评论,16(3):104 - 190.

ALEXANDER J C, 1982. Theoretical logic in sociology, vol.1: positivism, presuppositions, and current controversies[M]. Berkeley: University of California Press.

AYER A J, 1959. Logical Positivism[M]. New York: The Free Press: 146.

BAYLIS J, SMITH S, OWENS P, 2020. The globalization of world politics: an introduction to international relations[M]. Oxford: Oxford University Press: 178 - 179.

BARNES WINSON H F, 1948. Reviewed work: science versus idealism by Maurice Cornforth [J]. Philosophy, (7): 280.

BRONOWSKI J, 1978. The common sense of science [M]. Cambridge, MA: Harvard University Press: 133.

BOYD R, 1992. Constructivism, realism, and philosophical method in inference, explanation, and other frustrations: essays in the philosophy of science[M]. Los Angeles: University of California Press, 131 - 198.

BROWN J M, 1952. Reviewed work: in defence of philosophy against positivism and pragmatism by Maurice Cornforth[J]. The Philosophical Quarterly, 2(6): 88.

CARNAP R, 1934. On the character of philosophic problems[J]. Philosophy of Science, 1(1): 5 - 19.

CHARLES K, BAWA K A, 2017. Understanding and applying research paradigms in educational contexts[J]. International Journal of Higher Education, 6(5): 26.

CLARK A M, 1998. The qualitative-quantitative debate: moving from positivism and confrontation to post-positivism and reconciliation [J]. Journal of Advanced Nursing, 27(6): 1242 – 1249.

COLLINS H, 1992. Collins English dictionary[M]. London: Harper Collins: 372.

COMTE A, 2000. The positive philosophy of Auguste Comte [M]. Translated by Harriet Martineau. Kitchener: Batoche Books: 27 – 28.

DILTHEY W, 1965. Der Aufbau der geschichtlichen Welt in den Geisteswissenschaften, GS VII Band[M]. Leipzig [u.a.]: Teubner: 70 – 88.

DURKHEIM E, 1966. The rules of sociological method[M]. London: The Free Press: 31 – 45.

DURKHEIM E, 1982. Rules of sociological method: and selected texts on sociology and its methods[M]. New York: The Free Press: 50 – 59.

EUN Yong-Soo, 2017. To what extent is post-positivism 'practised' in international relations? Evidence from China and the USA[J]. International Political Science Review, 38(5): 593 – 607.

FEIBLEMAN J K, 1951. The metaphysics of logical positivism [J]. The Review of Metaphysics, 5(1): 55 – 82.

FRIEDMAN M, 1999. Reconsidering logical positivism[M]. Cambridge: Cambridge University Press.

FROST M, 1986. Towards a normative theory of international relations [M]. Cambridge: Cambridge University Press: 11 – 19.

GOULDNER A W, 1970. The coming crisis of western sociology [M]. New York: Basic Books: 56.

GRATTON C, JONES I, 2010. Research methods for sport studies [M]. New York: Routledge: 26 – 27.

GUBA E G, 1990. The paradigm dialog[M]. New-bury Park, California SAGE Publications: 17 – 27.

HABERMAS J, 1972. Knowledge and human interests[M]. Boston: Beacon Press: 78 – 80.

HAMMERSLEY M, 2019. From positivism to post-positivism: progress or digression? [J]. Teoria Polityki, 3: 175 – 188.

HAUSMAN D M, 1985. Is falsificationism unpractised or unpractisable? [J]. Philosophy of the Social Sciences, 15(3): 313 – 319.

HOWELL K E, 2013. An introduction to the philosophy of methodology[M]. London: Sage Publications: 43.

HUME D, 1960. A treatise of human nature[M]. Oxford: Clarendon Press: 468 – 469.

HUME D, 1999. An enquiry concerning human understanding[M]. Oxford: Oxford University Press: 120 – 122.

HUSSERL E, 1970. The crisis of European sciences and transcendental phenomenology [M]. Evanston: Northwestern University Press: 9 – 12.

KANT I, 1961. Critique of pure reason [M]. New York: St. Martin's Press: 658 – 659.

KWAN K M, TSANG E W K, 2001. Realism And Constructivism in Strategy Research: a Critical Realist Response to Mir and Watson[J]. Strategic Management Journal, 22(12): 1163 – 1168.

LAPID Y, 1989. The third debate: on the prospects of international theory in a post-positivist era[J]. International Studies Quarterly, 33(3): 235 – 254.

LATHER P, 1992. Critical frames in educational research: feminist and post-structural perspectives[J]. Theory Into Practice, 31(2): 87 – 99.

LAUDAN L, 1984. Science and values[M]. Berkeley: University of California Press: 13.

LETOURNEAU N, ALLEN M, 1999. Post-positivistic critical multiplism: a beginning dialogue [J]. Journal of Advanced Nursing, 30(3): 623 – 630.

LUKÁCS G, 1792. History and class consciousness: studies in Marxist dialects [M]. Cambridge, MA: The MIT Press: 6.

LUKMAN Y, 2021. Managing conflict at institution/s of higher learning: a post-positivist perspective[J]. International Journal of Higher Education, 10(6): 1 – 10.

MALCOLM BRADBURY, 1995. What was post-modernism? The arts in and after the Cold War[J]. International Affairs London, 71(4): 763 – 774.

MARCUSE H, 1969. Negations: essays in critical theory[M]. Boston: Beacon Press: 65.

MILL S, 1905. A system of logic[M]. London: Routlege: 214.

MILLER K I, 2000. Common ground from the post-positivist perspective: from "straw person" argument to collaborative coexistence[M] // CORMAN S R, POOLE M S. Perspectives on organizational communication: finding common ground. New York, NY: Guilford: 46 – 47.

Mir R, Watson A, 2000. Strategic management and the philosophy of science: the case for a constructivist methodology[J]. Strategic Management Journal, 21(9): 941 – 953.

NECK R, 2015. The positivist dispute after 50 years – an unrepentant 'positivist' view[J]. Journal of Classical Sociology, 15(2): 185 – 190.

PATOMÄKI Heikki, COLIN W, 2000. After postpositivism? the promises of critical realism [J]. International Studies Quarterly, 44(2): 213 – 237.

PANHWAR A H, ANSARI S, SHAH A A, 2017. Post-positivism: an effective paradigm for social and educational research[J]. International Research Journal of Arts and Humanities, 45(45): 253 – 259.

PHILLIPS D C, BURBULES N C, 2000. Postpositivism and educational research [M]. Lanham, MD: Rowman and Littlefield: 86 – 87.

PLEASANTS N, 1997. The post-positivist dispute in social studies of science and its bearing on social theory[J]. Theory, Culture & Society, 14(3): 143 – 156.

POPPER K R, 1972. Objective knowledge: an evolutionary approach[M]. Oxford: Clarendon Press: 89, 191.

POPPER K, 1962. Conjectures and refutations: the growth of scientific knowledge[M]. New

York：Routledge：255 - 256.

POPPER K, 2002. The logic of scientific discovery [M]. London and New York：Routledge：16.

QUINE W, 1953. From a logical point of view：9 logico-philosophical essays[M]. Cambridge, MA：Harvard University Press：20.

RYAN G S, 2019. Postpositivist critical realism：philosophy, methodology and method for nursing research[J]. Nurse Researcher, 27(3)：20 - 26.

SCHARFF R C, 1995. Comte after Positivism[M]. Cambridge：Cambridge University Press：5 - 6.

SEGERSTRÅLE, ULLICA, 2000. Beyond the science wars：the missing discourse about science and society[M]. New York：State University of New York Press：156.

THORNTON S, 2018. "Karl Popper", The Stanford Encyclopedia of Philosophy. Fall 2018 Edition [EB/OL]. (2018 - 08 - 07) [2023 - 02 - 05]. https：//plato. stanford. edu/archives/fall2018/entries/popper/.

WEBER M, 1949. The methodology of the social sciences[M]. Glencoe：The Free Press：60.

WITTGENSTEIN L, OGDEN C K, 1998. Tractatus Logico-Philosophicus [M]. New York：Dover Publications：90.

ZAMMITO J H, 2004. A nice derangement of epistemes[M]. Chicago：University of Chicago Press：234 - 239.

Revision and Transcendence: the Theoretical Stand and Logic of Post-Positivism Methodology

Yuan Fangcheng   Bi Siyi

Abstract: Since the 1980s, the limitations and inadequacy of positivistic methodology, which refuses metaphysics, insists on "value neutrality", regards experiential verification as respect, and advocates quantitative method as priority, have been criticized and questioned by many scholars. By reflecting on the basic creed of positivism, reconstructing the metaphysical foundations of analytic philosophy, denying the dualism of subject and object, correcting the illusion of "value neutrality", emphasizing on the falsifiability of science, resetting the demarcation standard of science, emphasizing on the integration of qualitative and quantitative methods, breaking the unification of research methods, post-positivism has achieved a revision and transcendence of positivism at the methodological level. The correction of positivism paradigm by post-positivism provides a new way of thinking for social science research and avoids being narrowed and closed.

Key words: methodology; post-positivism; positivism; paradigm

教育减负、学生在校时长与家长反馈
——基于 CEPS 和文本大数据的实证分析*

张传勇　钱攸悠　甘逸鸣　郑芷莹　扶蔼琳**

摘　要： 延长在校时间是"双减"政策的一项重要举措,会影响家庭和学校在孩子教育上的投入。本文旨在探讨"双减"政策实施后,家庭和学校之间是否存在经济和时间投入上的替代关系,并以上海市义务教育阶段学生家长作为重点关注群体,探究其对政策的关注重点及情感态度的分布特征。本文首先基于 2013—2014 年中国教育追踪调查(China Education Panel Survey, CEPS)数据,分析在校时长对家庭教育投入的影响;接着采用网络爬虫、自然语言处理、关联分析等方法,以家庭育儿论坛千帆网和篱笆社区为研究对象,探究家庭对于这一政策的不同态度及其可能的原因。研究发现,提供合理的学校课后服务,延长学生在校时间能够有效减少家庭的校外补习花费并增加家长与孩子的相处时间;但如果在延长在校时间的同时没有对校外培训进行管控,在校时长的延长可能并不会起到减轻家庭经济负担的

---

* 本文系国家自然科学基金面上项目"家庭决策视角下城市基础教育资源配置对住房市场的影响研究:机制、效应与福利分析"(项目批准号:72174119)的阶段性成果;上海市教育发展基金会和上海市教育委员会"曙光计划"(21SG15);上海交通大学第 42 期 PRP 项目"基于校内和家庭教育投入视角的'教育双减'政策效果评估研究"。
** 张传勇(1981—　),男,上海交通大学国际与公共事务学院研究员、博士生导师,研究方向为城市公共政策、城市经济,E-mail: cyzhangsjtu@ sjtu.edu.cn;钱攸悠,复旦大学全球公共政策研究院研究生;甘逸鸣,复旦大学管理学院研究生;郑芷莹,多伦多大学法学院 JD 项目博士生;扶蔼琳,上海交通大学国际与公共事务学院本科生。

作用。此外，家长对于"双减"政策的反馈总体呈消极态度，他们关注的重点聚焦于孩子的教育本身、校外培训行业以及可能影响子女学习的综合因素等。

关键词：教育减负；在校时长；家庭教育投入；校外培训；家长反馈

一、引　　言

2021年7月，中共中央办公厅、国务院办公厅印发了《关于进一步减轻义务教育阶段学生作业负担和校外培训负担的意见》（"双减"政策），旨在减轻学生的学习负担与家长的家庭教育负担，提升学校的教育教学质量。事实上，自2000年初教育部发布《关于在小学减轻学生过重负担的紧急通知》以来，落实基础教育阶段的减负工作一直是教育工作中的重要内容，相关部门也围绕着教育减负开展了一系列治理工作。相比此前的教育减负政策，"双减"政策的减负对象从校内"单减"转向校内和校外"双减"，在治理方针、治理主体、治理对象等方面都有显著差异。

"双减"政策所带来的校内学习时间的延长和许多校外补习机构的消失似乎在整体上减轻了学生和家庭的负担。然而，这一政策在实施过程中仍旧面临着许多问题。例如，随着作业总量的大幅压减与校外培训机构的大量关停，一些家长的焦虑情绪正在上升，因为在目前的"升学"选拔机制下，家长担心孩子在面临升学考试时难以在短期内提高学习成绩，由此可能增加课外的教育投入。此外，经济宽裕的家庭为满足其对优质教育资源的需求，会倾向于选择费用更为高昂的"一对一"私教或拼班培训，从而使经济困难家庭在校外教育竞争中居于劣势，带来新的教育机会不平等问题。因此，在"双减"政策已经实施一段时间后，科学客观地评价政策的实施效果，并尝试提出政策改进思路，对于探索今后教育减负工作的优化方向具有重要意义。

从具体政策措施来看,以上海市为例,"双减"政策主要包括全面压减作业总量、提升学校课后服务水平、全面规范校外培训行为、提升教学质量等方面的措施。其中,提供课后服务来实现教育资源共享,推动义务教育阶段校内课后服务全覆盖,探索开设自习班、线上教学等措施是减轻家长和学生负担的重要一环(张鹏、王星,2021)。但在政策实施过程中,在校时间的延长会对家庭经济和家长精力等家庭教育投入产生怎样的影响?"双减"政策实施后义务教育阶段家长群体对此又持有怎样的情感和态度呢?本文尝试对上述问题进行回应。

针对第一个问题,本文将使用2013—2014年中国教育追踪调查(China Education Panel Survey, CEPS)数据,探寻家庭和学校之间是否存在经济和时间上的替代关系,以期对学校教育和家庭教育之间的关系有更深入的理解。针对第二个问题,本文则采用了网络爬虫技术,获取家庭育儿论坛(千帆网和篱笆社区)中与"双减"政策相关的发帖及回帖内容,并通过自然语言处理、词频分析、情感分析及关联分析等方法,探究家庭对于这一政策的不同态度及其可能的原因,从而为"双减"政策实施效果的科学评估提供借鉴。

基于CEPS数据的实证分析发现,提供合理的学校课后服务、延长学生的在校时间,不仅能够有效降低家庭的经济负担,还可能增加家长与孩子的相处时间;同时,这一关系受到校外补习的影响,如果在延长学生在校时间的同时没有对校外培训进行管控,在校时长的延长可能并不会起到减轻家庭经济负担的作用。此外,通过对家庭育儿论坛文本内容的分析发现,上海义务教育阶段的家长对于"双减"政策的情感反馈总体呈消极态度,他们关注的重点聚焦于孩子的教育本身、校外培训行业以及可能影响子女学习的其他因素。

本文的边际贡献有如下三点:第一,相比以往文献只是从在校时长延长和家庭教育支出之间的关系来评估教育减负的政策效果,本文则分别从课外花费和投入时间两个维度展开分析;第二,创新性地使用大数据分析方法,并以上海市为例分析家长群体对于教育"双减"政策的态度及情感反馈;第三,在政策意义上,本文的研究结论有助于为今后进一步优化教育

"双减"政策提供借鉴。

本文余下内容安排如下：第二部分为文献综述；第三部分为研究设计与数据来源；第四部分为实证分析，包括在校时长对家庭教育投入的影响及家长反馈视角下的"双减"政策评估；最后为结论与启示。

二、文　献　综　述

（一）家庭教育投入的影响因素

随着中国家庭迈入"少子化"阶段，在市场转型的过程中，家庭与消费的双重革命带来了家庭教育消费的快速增长（林晓珊，2018）。家庭教育投入可拆解为经济投入和非经济投入两类：经济投入主要指家庭因子女受教育需求所产生的基础性支出及校内外活动等增值性与拓展性支出；非经济投入主要指时间上的投入，狭义上可理解为社会家庭中父母照顾和陪伴子女的时间。根据现有研究，本文将家庭教育中的经济投入的影响因素归纳为以下四个方面：家庭社会背景条件、经济因素、社会文化因素以及替代因素。

在家庭社会背景条件方面，从宏观上看，地区经济发展水平越高，家庭教育支出负担率将会越低（魏新、邱黎强，1998），且城市规模与家庭教育支出结构为倒"U"形关系（张传勇等，2025）。而就个体家庭而言，其社会经济背景对教育支出则具有正向影响（魏易，2020）。Urquiola 等（2003）与张川川、王玥琴（2022）的研究均指出，若家庭收入增加，背景一般的家庭将主要增加校内支出，而背景较好的家庭则主要增加校外教育支出和校内增值性及发展性支出。此外，黄斌等（2022）在隔绝遗传效应的条件下估计了父母教育背景对家庭教育支出的因果效应，认为家庭校外教育支出分化的产生与不同教育水平父母的收入水平和支出偏好差异有关。

在经济因素方面，受生育观念等复杂因素的影响，家庭规模锐减，"少子化"趋势使父母对家庭教育的经济投入产生了竞争性理解,开始将独生子女作为一种"投资品"(金烨等,2011)。这种支出行为也被一些学者定义为家庭在"购买希望"(林晓珊,2018)。具体而言,根据现阶段投入的预期劳动力和经济回报,家庭往往会选择增加家庭教育支出,以期提升家庭的社会阶层(李春玲,2003;De Civita et al.,2004)。同时,收入的不平等也会进一步助推家庭通过教育改变自身社会阶层的动机,从而提升家庭教育支出的整体水平(闫新华、杭斌,2017;魏易,2020)。

社会文化因素主要包括性别观念、政治资本等方面。魏易和薛海平(2019)提出,子女性别会对家庭教育支出产生影响。叶晓阳(2012)研究发现,父母的政治资本在提高其子女择校概率的同时,也能够降低择校费用支出,从而在整体上减少家庭教育的经济投入。家庭教育支出也会受到邻里效应的影响,尤其是在农村家庭中(余丽甜、詹宇波,2018)。此外,也有学者提出了地位外部性概念,即家庭在进行教育投资决策时,往往更关注子女相较于同龄人的表现,由此增加其教育投资支出,且这一机制在贫困家庭中更为明显(Kim,Tertilt,and Yum,2024)。

替代因素主要指的是公共教育投入,包括政府教育投入、地方教育支出等。袁诚、张磊和曾颖(2013)指出,政府教育支出对于家庭教育支出存在"替代效应",而对于"影子教育"则存在随收入变化的异质性"挤出效应"。Glomm 和 Kaganovich(2008)及郭凯明等(2011)在研究社会投资时发现,相比于家庭教育投入,学校提供的公共教育更有利于缩小收入差距。

家庭教育投入中的非经济投入也会对经济投入产生影响。例如,亲子关系会分别从情感互动和教育责任两个角度影响家庭教育的经济投入,且母职的"影子工作"更容易带来校外教育的机会(金一虹、杨笛,2015;杨可,2018)。此外,家庭还会通过其社会经济资源来追求异质性的教育机会,从而对子女成就形成间接影响,最终形成社会的分层结构(郝大海,2007;刘精明,2008;吴愈晓,2013;侯利明,2020)。

(二)学校和家庭之间的教育投入关系

针对学校和家庭之间的教育投入关系这一问题,不少国内外学者进行了相关研究。在 Coleman 等（1966）发表的《科尔曼报告》中，就曾针对美国不同族裔的教育机会均等问题，探讨了学校教育与家庭教育之间的关系。马健生和吴佳妮（2014）认为学生时间分配的决策机制十分复杂，既受到有关教育政策的直接影响，也受到学生成绩的利益攸关方，即学校的选择性安排的制约，更受到家庭的支持和干预，最后归于学生对这些影响的认知和选择。

具体来看，龚钰涵等（2023）发现公共教育财政投入不仅会增强家庭的教育储蓄动机，而且对教育储蓄规模与教育储蓄率均有显著的正向影响。张川川、王玥琴（2022）发现学生在校时长与其课外学习投入之间存在统计上显著的替代关系，学生在校时长的减少将导致父母在子女养育上的时间投入增加，且对较低学历的父母影响更大；此外，高收入家庭的教育投入增加会使得同一班级、年级内学生成绩的离散程度显著上升，进而加剧教育不平等问题。刘文杰等（2022）则发现我国政府和家庭教育投入之间存在显著的互补关系；同时，对校外教育市场的管制可有效弱化政府和家庭教育投入之间的互补性。

（三）教育减负政策及其评价

"双减"政策的主要规制对象之一是校外补习市场，其复杂性及营利性给教育财政和学校教育带来了极大的挑战。随着基础教育从"高校内竞争、低校外竞争，低补习参与"的低水平均衡转化为"低校内竞争、高校外竞争，高补习参与"的高水平均衡，校外教育活动逐步成为社会分层与流动的主要工具（杨钋，2020），也由此产生了一系列问题：一是校外教育成为"影子教育"，部分替代了学校的教学功能，插足中小学招生事项；二是"以利为剑"，斩断了教师的自我发展之路——一方面影响教师在校内教学中的表现，另一方面影响教师在自身专业提升上的积极性和主动性；三是阻碍公共教育的发展，以"应试"抓住家长的心，形成课外辅导的"剧场效应"（陆道坤、王超、丁春云，2019）。

对于"双减"政策实施效果的讨论，学者们的观点主要聚焦于两个方面：第一，政策对社会精神没有产生根本性的改变。张善超和熊乐天

（2022）指出，"双减"政策不仅作用于学生，而且对家庭也产生了影响；"双减"政策的出台，虽然在一定程度上有助于缓解家长的心理压力和经济压力，但其落实仍然受到了"路径依赖"的影响，学校和家庭都无法从根源上抛弃对升学和考试成绩的担忧；同时受到社会攀比文化的影响，"双减"政策并不能完全得到家庭的信任，因此产生了治标不治本的结果，甚至城镇家庭的教育投资还会因为"害怕掉队"等心理呈现出非理性增加等新特点（黄慧利，2011）。第二，"双减"政策的减负手段不全面，例如政策实施过分侧重于减量而没有关注质量，从而导致实质未减（杨春妮，2017）。

就如何进一步优化教育减负政策而言，刘静（2008）指出减负的实施过程应该注重学校教育和家庭教育的有机整合，加强家庭和学校之间的沟通；魏传宪（2000）强调减负中"人"的回归，着重发展学生的主体性、情感性和发展性；张善超和熊乐天（2022）则认为教育制度必须进行新一轮的创新和变革，以打破囚徒困境。除此之外，涂毅和王牧华（2020）认为，有效的政策监管机制也是必要的执行手段之一。

（四）文献述评

总体来看，对于学校和家庭教育投入的互动关系，国内外研究均已取得了一定进展。就家校互动关系而言，现有文献提出了在校时长与课外学习投入存在替代关系这一较为一般性的结论。但在我国教育资源分配地区差异较大的社会背景下，这一替代关系可能存在地区异质性，仍需要进行进一步的探究和解释。

就"双减"政策而言，目前的研究大多数集中于"双减"政策的外延效果，探讨其对学校、家庭、学生分别产生的影响，尚缺乏从政策作用机制层面对政策效果进行评估研究。延长学生在校时长作为"双减"的主要政策手段之一，可能会对家庭的教育投入产生一定影响，因此需要从家校互动"替代效应"的角度出发，对这项教育政策的作用机制与实际效果进行更为科学有效的评估。

基于此，本文在"教育双减"的政策背景下，首先考查在校时长对家庭教育投入的影响,并研究这一替代效应在上海地区的特殊性,分析其可能的原因。随后,进一步关注上海地区义务教育阶段家长群体对于"双减"政策的情感态度,进而为科学评估政策效果提供借鉴。

三、研究设计与数据来源

（一）研究设计

本文聚焦于我国 2021 年出台的教育"双减"政策,从家校之间的教育投入关系以及家长反馈等视角出发,探究"双减"政策的实施效果。本文拟解决的关键问题及研究方法如下:

第一,延长学生在校时间是否会对家庭教育的经济投入和时间投入产生影响? 这一影响是否会随着我国地区间教育水平的差异而产生变化? 针对这一问题,本文拟采用回归分析方法,基于中国教育追踪调查数据,分别探究学生在校时间与课外补习花费、家长陪伴时间之间的关系,并对来自不同地区的抽样样本进行分组讨论。

第二,在"双减"政策出台后,子女处于义务教育阶段的家长群体作为政策的影响对象之一,对于这项政策的关注重点及情感态度具有怎样的特点? 针对这一问题,本文拟采用大数据分析方法,基于通过网络爬虫得到的与"双减"政策相关的文本数据,采用主题分析、情感分析和关联分析,分析家庭对于政策实施后的立场和态度。

（二）数据来源

根据上述研究设计,本文使用的数据主要分为两类。

第一类是 CEPS 数据。CEPS 是由中国人民大学中国调查与数据中心设计与实施的、具有全国代表性的大型追踪项目。本文使用的 2013—2014 年数据,涉及从全国随机抽取的 28 个县级单位、112 所学校、438 个班级的初中一年级(7 年级)和初中三年级(9 年级)的 2 万余名学生,其中包括来自学生问卷、家长问卷、老师问卷、学校负责人问卷等多方面的基本信息,以及综合认知能力测试结果和重要考试成绩。本文将在该数据的基础上展开学生在校时长对家庭教育投入的影响研究。

其中,学生在校时间是实证研究的自变量。学校数据部分包括了校领导回答的该校每个年级学生的到校时间、离校时间和每周上课天数,进一步通过计算可得出学生在校时间。课外补习花费和家长陪伴时间是实证研究的因变量,分别来自家长问卷部分相应的回答。由于班级层面派生变量对家长经济和精力花费影响较小,本研究选取县区层面派生变量(本地平均受教育年限)、学校层面派生变量(父母不全在家的学生比例、学校在本地排名)、个人/家庭层面派生变量(学生是否住校、性别、学生家庭经济状况)以及学生寒暑假是否参加补习为控制变量。

考虑到国内地区间的教育水平和实际情况有较大的差异,本文将利用数据中的三类抽样样本进行分组讨论。抽样框 1 的样本来自全国 2 870 个县(区)级行政单位中抽取的 15 个区(县),抽样框 2 的样本来自上海市所辖 18 个县(区)级行政单位,抽样框 3 的样本来自全国拥有大量流动人口的120 个县(区)中抽取的 10 个县(区)级行政单位。抽样框 1 的结果体现了在校时间与家庭投入在全国平均水平下的情况,抽样框 2 则代表了在经济发达、教育资源丰富地区的情况,抽样框 3 则体现了在流动人口较多的地区的情况,三者之间的对比更能够反映地区间的差异,为进一步优化减负政策提供依据。

变量的基本描述性统计如表 1 所示。

表 1　各样本框变量描述性统计结果

变 量 名	总 体		抽样框 1		抽样框 2		抽样框 3	
	观测值	均值	标准差	均值	标准差	均值	标准差	均值	标准差
课外补习花费（元）	17 840	1 270	4 619	519.5	2 828	3 721	6 768	2 092	6 083
在校时长（小时）	17 042	9.875	1.428	10.20	1.655	9.340	0.601	9.441	0.894

续 表

变量名	总体			抽样框1		抽样框2		抽样框3	
	观测值	均值	标准差	均值	标准差	均值	标准差	均值	标准差
家长陪伴时间（小时）	17 792	3.152	3.316	3.226	3.594	2.904	2.697	3.078	2.913
父母不全在家的学生比例	19 487	0.232	0.156	0.304	0.165	0.141	0.044 5	0.126	0.043 8
学校在本地排名	19 487	3.947	0.831	3.983	0.766	3.930	0.488	3.886	0.982
学生是否住校	19 487	0.323	0.468	0.478	0.500	0.013 5	0.115	0.116	0.321
性别	19 487	0.515	0.500	0.518	0.500	0.506	0.500	0.513	0.500
学生家庭经济状况	19 428	2.816	0.599	2.707	0.637	3.051	0.464	2.955	0.506
学生家长受教育程度	19 441	4.490	2.024	4.025	1.835	5.887	1.981	5.008	2.086
本地平均受教育年限	19 487	9.485	1.441	8.761	1.213	10.73	0.463	10.49	1.130
假期补习情况	19 327	0.330	0.470	0.263	0.440	0.508	0.500	0.410	0.492

第二类是爬虫数据。为了获取家长群体对于"双减"政策的各类观点和看法，本研究选取了千帆网与篱笆社区两大家庭育儿交流平台作为研究的数据来源。千帆网与篱笆论坛作为上海地区家长较为主流的家庭育儿论坛网站，能够较为真实、直接地反映出家长群体对于"双减"政策的关注重点与情感态度。在篱笆社区网站（https：//www.libaclub.com）搜索关键词"双减"，共检索到419篇含有该关键词的帖子，共爬取帖子标题中含有"双减"一词的发帖及回帖数据23 279条，时间范围为2020年9月至2022年11月。在千帆网（http：//www.qianfanedu.cn）搜索关键词"双减"，2020年9月至2022年11月，共检索到201篇含有该关键词的帖子，共爬取帖子标题中含有"双减"一词的发帖及回帖数据5 153条。完成数据清洗后，共得到有效数据28 261条，其中篱笆社区有23 152条，千帆网有5 109条，具体字段信息和类型如表2所示。

表 2　数据信息及类型

网站	数据获取时间	字段信息	数据类型	数据量
篱笆社区	2020 年 9 月—2022 年 11 月	帖子标题	String	23 152 条
		网址	String	
		发帖日期	Datetime	
		最后回复日期	Datetime	
		浏览量/评论数	String	
		发帖或回帖内容	String	
		发帖或回帖日期	Datetime	
千帆网	2020 年 9 月—2022 年 12 月 20 日	帖子标题	String	5 109 条
		网址	String	
		浏览量/评论数	String	
		所属板块	String	
		发帖或回帖内容	String	
合计				28 261 条

四、实 证 分 析

（一）在校时长对家庭教育投入的影响

为探究学生在校时间与家庭投入的关系,本文建立如下两个回归方程:

$$\ln(\text{fee}_i) = \alpha_1 + \beta_1 * \ln(\text{schtime}_i) + \gamma_1 X' \tag{1}$$

$$\ln(\text{accompany\_time}_i) = \alpha_2 + \beta_2 * \ln(\text{schtime}_i) + \gamma_2 X' \tag{2}$$

其中,式(1)中 fee_i 为每位学生课外补习花费, $schtime_i$ 为每位学生在校时间, X' 为上述地区、学校、家庭或个人三个层面的控制变量。表3呈现了在校时间与课外补习花费的回归结果。

表3　在校时长和课外补习花费回归结果

变　量	课外补习花费			
	(1)	(2)	(3)	(4)
在校时长	−0.137***	−0.124***	0.463	−0.156
	(0.025)	(0.023)	(0.305)	(0.101)
父母不全在家的学生比例	1.594***	0.791***	0.016	−0.505
	(0.265)	(0.197)	(4.965)	(1.935)
学校在本地排名	0.183***	0.116**	0.999**	0.183**
	(0.045)	(0.046)	(0.441)	(0.080)
学生是否住校	−0.068	0.043	−1.455*	−0.057
	(0.065)	(0.066)	(0.786)	(0.195)
性别	−0.041	0.019	−0.687*	0.015
	(0.069)	(0.059)	(0.360)	(0.150)
学生家庭经济状况	0.018	−0.047	1.341***	−0.073
	(0.102)	(0.061)	(0.459)	(0.331)
学生家长受教育程度	0.170***	0.086***	0.240**	0.188***
	(0.021)	(0.021)	(0.096)	(0.044)
本地平均受教育年限	0.580***	0.382***	1.920***	0.510***
	(0.039)	(0.051)	(0.405)	(0.099)
假期补习情况	1.529***	0.764***	3.438***	2.012***
	(0.098)	(0.109)	(0.365)	(0.176)
观测值	15 430	8 973	1 154	5 303
R^2	0.096	0.061	0.134	0.064

注: *** 表示 $p<0.01$, ** 表示 $p<0.05$, * 表示 $p<0.1$。

其中,模型(1)是根据2 870个县级单位的总体数据得出的结果;模型(2)是根据抽样框1的数据得出的结果,反映了全国的情况;模型(3)是根据抽样框2得出的结果,反映了上海的情况;模型(4)是根据抽样框3得出的结果,反映了流动人口较多的地区的情况。通过表3可知,从总体上看,学生在校时间越长,家庭的课外补习花费会显著减少;但上海与流动人口较多的地区在校时长与家庭课外补习花费没有显著关系。学生所在学校在本地排名、学生家长受教育程度、本地平均受教育年限与家庭课外补习花费呈显著正相关关系。这可能是因为处于平均受教育水平更高地区的、接受过更好教育的家长更愿意且更有能力增加课外补习花费,这样的学生也更容易进入在本地排名高的学校。

同样地,式(2)中 accompany_time$_i$ 为每一位家长平均每天直接花在孩子身上的时间(生活照料、辅导学习、娱乐玩耍)。表4呈现了在校时长与家长陪伴时间的回归结果。

表 4　在校时长和家长陪伴时间回归结果

变　量	家长陪伴时间			
	(1)	(2)	(3)	(4)
在校时长	0.102***	0.093***	−0.125	0.135***
	(0.020)	(0.024)	(0.137)	(0.041)
父母不全在家的学生比例	−0.086	−0.350	0.224	−0.550
	(0.266)	(0.334)	(1.731)	(1.045)
学校在本地排名	0.210***	0.133**	0.349***	0.229***
	(0.034)	(0.058)	(0.125)	(0.044)
学生是否住校	−0.412***	−0.596***	0.548	−0.281*
	(0.071)	(0.082)	(0.714)	(0.150)
性别	−0.273***	−0.321***	−0.013	−0.255***
	(0.052)	(0.075)	(0.149)	(0.078)
学生家庭经济状况	0.060	0.079	0.090	0.064
	(0.049)	(0.063)	(0.133)	(0.083)
学生家长受教育程度	−0.021	−0.013	−0.025	−0.012
	(0.015)	(0.023)	(0.043)	(0.021)
本地平均受教育年限	0.112***	0.269***	0.095	0.174***
	(0.025)	(0.039)	(0.170)	(0.043)
观测值	15 536	8 883	1 218	5 435
R²	0.011	0.020	0.005	0.018

注: *** 表示 $p<0.01$, ** 表示 $p<0.05$, * 表示 $p<0.1$。

从表4可以看出,除上海以外,学生在校时长越长,家长陪伴学生的时间显著增长;上海学生的在校时长和家长陪伴时间则没有显著关系。学生所在学校在本地的排名与家长陪伴时间呈显著正相关关系,这可能是因为重视教育的家长会花费更多的时间陪伴学生,学生也因此更可能进入较好的学校。另外,学生是否住校在上海以外的地区都与家长陪伴时间呈现显著负相关关系,但上海地区两者则不存在显著相关关系。

上述回归分析结果表明,一般来说,增加学生的在校时间,能够在一定程度上缓解家庭所承担的经济压力,这样的结果佐证了延长在校时间在减轻家庭经济负担方面的有效性。此外,延长在校时间有利于增加家长陪伴孩子的时间。这既可能是由于减轻了校外课业负担使得亲子之间有更多的时间相处,也可能是因为家庭教育投入时间更多的家长更倾向于将孩子送到在校时间长的学校,其中的具体机制仍需进一步探究。值得注意的是,上海地区在上述模型检验中均不存在显著的相关关系。这可能是一个值得关注的结果,下面我们将做进一步讨论。

图1说明了各抽样框的课外班补习情况,纵坐标为变量"是否参加了课外班"的均值(1为参加了补习班,0为没参加,值越小表明参加的补习越少)。从图1中可以看出,抽样框2参加课外班的均值明显比其他抽样框大,也就是说,上海的学生相较于全国平均水平,参加课外班补习的概率更高。因此,上海学生的在校时长没有显著地影响其课外补习花费可能是因

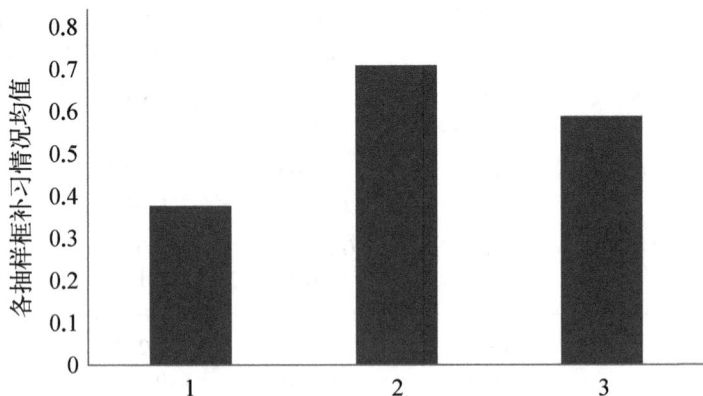

图1　各抽样框学生上课外补习班情况

为即使增加在校时长,教育资源丰富、竞争激烈且普遍存在课外补习习惯的地区仍然不会放弃在课外补习上继续投入。为了验证这一假设的可能性,我们将区分不同的补习习惯,并在此基础上继续探求两者的关系。

我们推断,在调查时反馈没有参加任何补习班的人群并没有参加补习的习惯,延长在校时间也并不会促使这样的同学去参加补习;相反地,如果调查时反馈参加了补习,说明经济能力和实际需求允许或促使这样的同学更倾向于参加课外补习班。表5区分了在上海地区的不同补习习惯下,在校时长和课外补习花费情况的关系。结果显示,对于有补习习惯的学生而言(模型1),在校时长与课外补习花费之间呈现显著的正相关关系;对于没有补习习惯的学生而言(模型2),在校时长与课外补习花费之间存在显著的负相关关系。也就是说,当学生有在校外补习的习惯时,增加在校时长并不能起到减轻家庭在补习上的经济压力的效果;只有当学生选择不去课外补习时,增加在校时长才可能有效降低课外补习花费。

表5 上海地区不同补习习惯人群在校时长与课外补习花费的关系

变　　量	课外补习花费	
	（1）	（2）
在校时长	1.020**	−0.707**
	（0.419）	（0.352）
父母不全在家的学生比例	2.362	−11.216*
	（6.218）	（6.760）
学校在本地排名	1.169**	0.223
	（0.502）	（0.807）
学生是否住校	−1.386	−0.416
	（1.009）	（0.516）
性别	−1.095**	0.991*
	（0.462）	（0.504）
学生家庭经济状况	1.512**	0.260
	（0.630）	（0.489）
学生家长受教育程度	0.171	0.167
	（0.130）	（0.128）

续　表

变　量	课外补习花费	
	(1)	(2)
本地平均受教育年限	2.433 ***	0.767
	(0.468)	(0.832)
假期补习情况	2.962 ***	1.402 *
	(0.415)	(0.724)
观测值	814	339
R^2	0.116	0.044

注：*** 表示 $p<0.01$，** 表示 $p<0.05$，* 表示 $p<0.1$。

（二）家长反馈视角下的"双减"政策评估

此部分聚焦于"双减"政策背景下上海市家长群体的关注重点与情感态度，探究政策在校内教育与校外教育方面所产生的实际效果，进而分析可能的原因，为教育"双减"及其配套政策的优化与完善提供支撑和依据。

我们将自然语言处理主要分为词频分析与情感分析两部分。在词频分析部分，首先对文本内容进行分词和去除停用词处理，随后对分词结果进行词频统计与关键词提取，挖掘网站用户关于"双减"政策的高频话题，并对结果进行可视化呈现。在情感分析部分，运用百度情感分析系统 Senta，以用户评论为单位对文本的情感倾向进行分析，得到用户对"双减"政策持有的情绪或态度，以衡量家庭对政策整体的认可程度。

在词频分析与情感分析的基础上，从评论情感和家长群体两个维度对数据进行深入挖掘。在评论情感维度上，将从千帆网和篱笆社区获取的所有评论划分为积极评论和消极评论两个数据集；在家长群体维度上，出于数据的可得性，将从千帆网获取的评论中"所属板块"为"小学生活"的归为小学家长数据集，将"所属板块"为"初中生活"及"中考"的归为初中家长数据集。针对每个数据集，重复上文的词频分析操作，得到各自数据集的高频词，将高频词与评论进行匹配，随后进行关联分析，由此探究家长群体普遍关注的话题与积极或消极态度的关联规则,了解他们对"双减"政策支持或反对的背后因素,进而根据这一结果为现行的"双减"政策提出行之有效的政策建议,有效地推动和落实教育"双减"相关的政策措施。

1. 文本主题分析

图 2 与图 3 分别展示了通过词频分析与关键词提取得到的排名前 100 的高频词语。图中词语的大小反映了词汇出现的频次,字体越大,表示出现的频率越高;反之,则表示出现的频率相对较低。

图 2　词频分析结果 　　　　图 3　基于 TF-IDF 算法的关键词提取结果

基于词云图可以发现,家长对于"双减"政策的讨论主要聚焦在孩子的学习成绩与升学问题、校外培训、家庭经济状况等三个方面的现实因素上。

从对孩子的教育本身来看,一方面,"双减"政策的实行对孩子的成绩与升学的影响是家长普遍最为关切的话题。无论是被反复提及的中考(871)、高考(712)等词,还是与孩子的学业水平相关的成绩(793)、考试(571)、竞争(272)、排名(261)、分数(245)等词,都说明在现有的升学评价体系下,即使降低了学生的学习负担,家长仍十分关心孩子的校内学习状况。另一方面,机构(2644)、补课(1973)、培训(746)、奥数(238)等词则反映出"双减"政策所针对的校外培训机构也成为家长们讨论的重点。随着校外培训机构受到管制,也有不少家长开始考虑一对一(439)等私人化的补课服务,但由于家庭经济条件的差异,这样的现象可能会给家庭带来新的经济负担与资源约束,不同家庭的学生提升学业成绩渠道的差距将被扩大。而频繁出现的鸡(716)、鸡血(431)、自鸡(286)、鸡娃(222)等词,形容的是家长为了孩子能读好书、考出好成绩,不断给孩子安排学习和活动,不停让孩子去拼搏的行为,也在一定程度上反映出了家长的焦虑情绪。

除此以外,从家庭整体的社会经济状况来看,钱(630)、工作(527)、学区(520)、房(310)、收入(182)等词反映了家长对于现实因素的考量,进一步佐证了"双减"政策可能使家庭不得不增加孩子课外的教育投入,由此给家长带来更多经济压力。

在选取了形容词词性的关键词提取结果后,我们发现焦虑(603)是家长在谈及"双减"政策时存在的普遍情绪(见图4),其余表达了负面情绪的词语包括累(319)、难(318)、压力(273)、怕(231)、放弃(191)、躺平(185)等。但其中也同样出现了"不错""轻松""快乐"等正面积极的词语。因此,为了更准确地把握家长对政策的情感态度,我们以每一条评论为分析单位,对文本的情感倾向进行了判断。

图4 基于 TF-IDF 算法的关键词提取结果(形容词)

2. 文本情感分析

在对文本进行情感分析时,我们使用中文情感分析系统 Senta 对文本情感进行了分析。分析结果中的 positive_probs 指标表示该条评论表达积极情感的概率,negative_probs 表示该条评论表达消极情感的概率,而 sentiment_label 则表示对该条评论的情感倾向的判断,1代表积极情感,0代表消极情感。

对2次情感分析结果进行描述性统计,结果如表6所示。其中,sentiment_label 这一指标的均值为0.313,表示积极评论在所有评论中的占比为30%左右。具体而言,在我们所分析的28 261条评论数据中,仅有8 837条评论被认为表达了积极情绪,其余的19 424条评论则被认为表达了负面情绪。从总体上看,家长对于"双减"政策的出台普遍持消极态度。

表6 基于百度 Senta 系统和 SnowNLP 库的情感分析结果描述性统计

	sentiment_label	positive_probs	negative_probs	sentiment_snownlp
count	28 261	28 261	28 261	28 261
mean	0.312 7	0.339 6	0.660 4	0.698 8
std	0.463 6	0.333 4	0.333 4	0.334 4
min	0.000 0	0.000 2	0.000 2	0.000 0
25%	0.000 0	0.041 3	0.377 6	0.448 8
50%	0.000 0	0.201 7	0.798 3	0.851 8
75%	1.000 0	0.622 4	0.958 7	0.993 7
max	1.000 0	0.999 8	0.999 8	1.000 0

近七成的负面评论能够在一定程度上反映出"双减"政策在实施过程中导致的一些新问题,而家长们所表达出的焦虑情绪则说明政策的出台虽然减轻了孩子的学习负担,却可能给家长带来新的教育压力。因此,在后续的政策推进过程中,如何回应和解决家长的顾虑、减少他们的负面情绪,是"双减"政策目标得以真正实现的保障之一。

3. 关联分析结果

1) 不同评论情感态度下的关联分析

对于不同评论态度的评论集,首先利用词频分析和词云图分析持有不同态度的家长群体对"双减"政策的关注点差异。

就积极评论而言,首先,师生、家校和老师等词出现频率较高,说明持有积极态度的家长更关注如何通过家长、学生、学校的多方合作落实"双减"政策;其次,校内教育质量仍然是家长最为关心的话题,作业、英语、数学等词反映了家长对"双减"后的教育质量的关注,中考、高考等词则说明即使是持积极态度的家长仍然有升学压力的考量;最后,校外减负是持积极态度的家长讨论的焦点,周末、阅读、运动、放学等词说明减负给了家庭更多可支配的时间去促进孩子的全面发展(见图5)。而最能反映家长态度的形容词词云分析则说明:快乐、简单、轻松、健康等积极词汇占据主导,但也不乏焦虑、抑郁等表达质疑的消极词汇(见图6)。

图5　积极评论词频分析结果

图6　积极评论形容词关键词提取结果

就消极评论而言,"焦虑"是持消极态度的家长的主旋律:第一,家长普遍对校内的教育质量差异、公办民办的教学质量差异感到担忧,也有对于成绩和公平的质疑;第二,家长对校外补课遭到打压感到不满,补课、举报、鸡娃等词汇说明持有焦虑态度的家长对校外补习被叫停持质疑态度;第三,家长对"双减"政策带给家庭社会经济状况以及孩子本身的压力感到焦虑,通过学区房、钱、智商等词汇得到反映(见图7和图8)。

图7　消极评论词频分析结果

图8　消极评论形容词关键词提取结果

接着利用关联分析算法分析不同评论态度下家长关注重点(高频词)之间的联系。

积极评论共形成了40对有效强关联规则。就规则内容而言,首先,家长最关注校内学习的语、数、英三科,三个学科的规则组合的提升度、置信度和支持度均远高于阈值,说明持积极态度的家长普遍更关心校内学科的教育质量。其次,小学、初中和高中三个教育阶段的关键词之间的规则组合也显著靠前,可见持积极态度的家长对孩子的升学非常关心。再次,家长、学校、老师、孩子等反映师生、家校关系的词汇的组合也具有较高的支持度和置信度,反映持积极态度的家长对师生、家校如何配合落实"双减"政策的讨论很热烈。最后,阅读→语文、阅读→英语这两个规则的置信度达到0.5,提升度均高于4,可见持积极态度的家长将部分注意力放在了孩子的课外阅读发展上。

消极评论共形成了38对有效强关联规则,整体关联强度高于积极评论。就规则内容而言,首先,家长最关心公办民办的教育质量差异,其提升度、置信度和支持度均远高于阈值,说明持消极态度的家长普遍担忧"双减"政策后不同背景的学校的教育质量差距将增大。其次,校外教培与鸡娃、钱等关键词联系在一起,培训→机构、钱→机构、鸡娃→培训等规则的置信度都大于0.5,提升度高于3,可见家长对于"双减"政策对校外培训的打击持消极态度的理由在于担忧失去"鸡娃"途径,从而影响升学结果。最后,与积极评论类似,反映持消极态度的家长对师生、家校如何配合落实"双减"政策的讨论也较为热烈。

2)不同家长群体评论的关联分析

对于不同家长群体的评论集,从评论情感看:小学家长评论共3 192条,其中积极评论1 123条,消极评论2 069条;初中家长评论共1 136条,其中积极评论337条,消极评论799条。可见,无论是在小学还是初中家长群体中,消极评论均占据主导地位。

从词频分析结果的异同看(见图9~图12):在相同点上,首先,师生、家校、家庭关系被高度关注,老师、孩子、学校、家长等词说明家长更关注家校如何合作落实"双减"政策;其次,校内教育公平仍然是家长最为关心的话题,关于公办和民办学校的讨论反映家长对"双减"后的教育质量的关注;最后,校外教培是家长讨论的焦点,培训、机构、鸡娃等词说明处于小学和初中阶段的家长都很关心"双减"后校外教培的开展。

图9 小学家长评论词频分析结果

图10 小学家长评论形容词关键词提取结果

图11 初中家长评论词频分析结果

图12 初中家长评论形容词关键词提取结果

在不同点上，首先，家长对于教育公平的关注度不同，小学家长由于涉及"小升初"择校摇号，因此对于民办和公办学校办学质量的讨论更为热烈，而初中家长则由于上海优质高中多为公办学校，较少讨论民办话题；其次，家长对于校外减负的态度不同，小学家长由于"小升初"摇号机制学业压力减弱，对于周末、阅读、运动、放松等词汇的讨论显著增加，对减负后的课余生活更加憧憬，而相比之下由于中考仍然具有较大的课业压力，初中家长的讨论鲜有这些词汇；最后，家长对于升学压力的感知不同，小学家长对于升学择校的讨论较少，而初中家长则较为关心中考、名额分配、资源等词汇，体现出对现实升学压力变化的关注。

接着利用关联分析算法分析不同家长群体关注重点（高频词）之间的联系。

小学和初中家长评论形成的关联规则在强度和有效度上较为接近。从内容上看，小学和初中家长评论的关联规则大同小异。在相同点上，两类评论的关注点联系都集中在话题内部，少有不同关注点间的联系，都十分关注

"鸡娃"现象及民办和公办之间教育公平的讨论。在不同点上,小学家长的评论更关心家庭社会经济状态对孩子教育的影响,如学区房对生源质量的影响;初中家长的评论则更关心校内教育诸学科之间的联系。

五、结 论 与 启 示

教育关乎着一个国家和民族的未来。我国在教育领域的改革从未止步。"双减"政策的出台,旨在减轻学生的学习负担,进一步促进教育公平。在政策落地一年多后,本文采用综合方法对政策的实施效果进行科学有效的评估,运用回归分析探究了在校时长对家庭教育投入的影响,并通过网络爬虫分析了上海市中小学家长群体对于"双减"政策的关注重点与情感态度,进而了解家庭在教育问题上所面临的处境与困难,以期真正使"双减"政策取得更大的成效。本文主要的研究结论如下:

第一,基于 2013—2014 年 CEPS 数据的回归分析发现,提供合理的学校课后服务、延长学生的在校时间能够有效降低家庭的经济负担,还可能增加家长与孩子的相处时间;同时,这样的关系受到校外补习的影响,如果在延长在校时间的同时,没有对校外培训进行管控,在校时间的延长可能并不会起到减轻家庭经济负担的作用。这样的结果一定程度上可以解释当前在减负实施后一些城市出现的"校内减负、校外加压"现象。

第二,通过对家长育儿论坛中评论文本的主题分析与情感分析,发现整体上家长的关注重点主要聚焦于三个方面:一是孩子的教育本身,包括孩子的学习成绩、公办与民办学校的教学质量差异等;二是孩子的校外培训;三是家庭的社会经济状况,包括家庭收入、购房等问题。情感分析结果则显示,论坛中家长群体对于政策的讨论总体呈消极态度。

第三,通过对不同情感态度的评论集进行关联分析发现,积极评论的聚焦点较为孤立,关键词的联系多发生在话题内部,话题也主要集中在师生、家校关系、教育质量和升学压力等方面;消极评论则往往将"鸡娃"现象与钱、教育培训及升学等因素联系在一起。通过对不同家长群体评论集进行关联分析发现,不同家长群体的聚焦点也都较为孤立,关键词的联系也多发生在话题内部,话题也主要集中在师生、家校关系、教育质量和升学压力等方面。此外,小学生家长更关心家庭社会经济状态对孩子教育的影响,如学区房对生源质量的影响;初中生家长则更关心校内教育诸学科之间的联系。

上述发现能够较为直观地反映对"双减"政策比较关注的群体——处于义务教育阶段的学生家长对于政策的反馈,在一定程度上也能够作为政策实施效果评估的一个评价维度,能够为政策制定者提供一定的参考和借鉴。此外,就"双减"政策的有效实施而言,适度规范校外补习机构是政策落实中不容忽视的一环,只有校内校外共同治理、双向减负,才能更好地促进基础教育的优质均衡发展。

当然,本文的研究也存在一些不足。如本文没有对变量之间的因果关系做严谨的讨论;在大数据分析中受限于数据可得性,只是对上海地区的义务教育阶段家长群体的反馈进行分析。而考虑到地区间的经济发展水平和教育资源分配均存在差异,后续则可以考虑针对其他地区以及受政策不同影响的群体的反馈进行拓展研究。

参考文献

龚钰涵,张锦华,陈博欧,2023.替代还是互补:公共教育财政与家庭教育储蓄:来自中国家庭追踪调查(CFPS)的经验证据[J].山西财经大学学报,45(2):45-58.

郭凯明,余靖雯,吴泽雄,2018.投资、结构转型与劳动生产率增长[J].金融研究,(8):1-16.

郝大海,2007.中国城市教育分层研究(1949—2003)[J].中国社会科学,(6):94-107.

侯利明,2020.教育系统的分流模式与教育不平等:基于PISA2015数据的国际比较[J].社会学研究,35(6):186-211.

黄斌,何沛芸,朱宇,等,2022.基于父母教育背景的中国家庭校外教育支出分化:兼论家庭需求视角下"双减"政策实施的优化[J].中国教育学刊,(4):19-28.

黄慧利,2011.论义务教育减负契机下的城镇家庭教育投资理性[J].内蒙古师范大学学报(教育科学版),24(12):31-33.

金烨,李宏彬,吴斌珍,2011.收入差距与社会地位寻求:一个高储蓄率的原因[J].经济学(季刊),(2):887-912.

李春玲,2003.社会政治变迁与教育机会不平等:家庭背景及制度因素对教育获得的影响(1940—2001)[J].中国社会科学,(3):86-98.

林晓珊,2018."购买希望":城镇家庭中的儿童教育消费[J].社会学研究,33(4):163-190.

刘精明,2008.中国基础教育领域中的机会不平等及其变化[J].中国社会科学,(5):

101－116.

刘静,2008.转变家长不合理教育理念:学生减负新举措[J].北京理工大学学报(社会科学版),10(1): 118－120.

刘文杰,宋弘,陈诗一,2022.教育财政如何影响家庭人力资本投资:事实、机制与政策含义[J].金融研究,(9): 93－110.

陆道坤,王超,丁春云,2019.论校外培训机构对基础教育的侵越与干扰[J].中国教育学刊(1): 79－84,101.

马健生,吴佳妮,2014.为什么学生减负政策难以见成效?:论学业负担的时间分配本质与机制[J].北京师范大学学报(社会科学版),242(2): 5－14.

涂毅,王牧华,2020.关于中小学减负政策实施的反思与改进:基于"剧场效应"的视角[J].教师教育学报,7(1): 70－77.

魏传宪,2000."减负":呼唤"人"的回归[J].教育发展研究,(4): 58－59.

魏新,邱黎强,1998.中国城镇居民家庭收入及教育支出负担率研究[J].教育与经济,(4): 1－10.

魏易,2020.校内还是校外:中国基础教育阶段家庭教育支出现状研究[J].华东师范大学学报(教育科学版),38(5): 103－116.

魏易,薛海平,2019.我国基础教育阶段家庭校外培训的消费行为研究:基于2017中国教育财政家庭调查的分析[J].教育学报,15(6): 68－81.

吴愈晓,2013.中国城乡居民的教育机会不平等及其演变(1978—2008)[J].中国社会科学,(3): 4－21.

闫新华,杭斌,2017.收入不平等与家庭教育支出:基于地位关注的视角[J].山西财经大学学报,(5): 1－13.

杨春妮,2017.小学生"减负"政策实施中的现实困境与对策思考[J].现代中小学教育,33(1): 8－11.

杨钋,2020.经济不平等时代的校外教育参与[J].华东师范大学学报(教育科学版),38(5): 63－77.

叶晓阳,2012."以权择校":父母政治资本与子女择校[J].世界经济文汇,(4): 52－73.

余丽甜,詹宇波,2018.家庭教育支出存在邻里效应吗? [J].财经研究,44(8): 61－73.

袁诚,张磊,曾颖,2013.地方教育投入对城镇家庭教育支出行为的影响:对我国城镇家庭动态重复截面数据的一个估计[J].经济学动态,(3): 29－35.

张川川,王玥琴,2022.教育减负、家庭教育投入与教育不平等[J].管理世界,38(9): 83－95.

张传勇,蔡琪梦,罗峰,2025.家庭选择还是规模效应:城市规模对家庭教育支出结构的影响研究[J].学习与探索,358(5): 86－96.

张鹏,王星,2021.到2023年学校教育教学质量显著提升,校外培训行为全面规范[N].文汇报,2021－08－25(5).

张善超,熊乐天,2022."双减"实施过程中的困境与破解之道[J].西南大学学报(社会科学版),48(5): 149－158.

COLEMAN J S, 1966. Equality of educational opportunity[J]. Integrated Education, 6(5):

19 - 28.

DE CIVITA M, PAGANI L, VITARO F, et al, 2004. The role of maternal educational aspirations in mediating the risk of income source on academic failure in children from persistently poor families[J]. Children and Youth Services Review, 26(8): 749 - 769.

GLOMM G, KAGANOVICH M, 2008. Social security, public education and the growth-inequality relationship[J]. European Economic Review, 52(6): 1009 - 1034.

KIM SEONGEUN, TERTILT M, YUM M, 2024. Status externalities in education and low birth rates in Korea[J]. American Economic Review, 114 (6): 1576 - 1611.

URQUIOLA M, HSIEH C, 2003. When schools compete, how do they compete? An assessment of Chile's nationwide school voucher program [R]. NBER Working Paper Series, 10008.

Educational Load Reduction, Students' School Hours and Parents' Feedback
—Empirical Analysis Based on Ceps and Textual Big Data

Zhang Chuanyong   Qian Youyou   Gan Yiming
Zheng Zhiying   Fu Ailin

Abstract: An important part of the "double reduction" policy is the extension of school hours, which also involves changes in education between home and school. This paper aims to investigate whether there is an economic and energetic substitution relationship between home and school, and to focus on the group of parents of compulsory education students in Shanghai, and to investigate the distribution of their concerns and emotional attitudes toward the "double reduction" policy. In order to investigate the above issues, we firstly use data from the China Education Panel Survey (CEPS) for the 2013 – 2014 school year to study the impact of school hours on family education investment. Web crawlers, natural language processing and correlation analysis were then used to investigate the different stance attitudes of families toward this policy and its possible reasons, using the family parenting forums Chifan.com and Fence Community as research subjects. We find that through providing reasonable school after-school services, extending students' school hours can effectively reduce families' financial burden and may also increase parents' time with their children. At the same time, such a relationship is affected by out-of-school tuition, and that if the extension of school hours is not accompanied by controls on out-of-school training, the extension of school hours may not serve to reduce the economic burden on families. In addition, parents' concerns about the policy focus on their children's education, off-campus training, and their families' socioeconomic status, and the discussion of the "double reduction" policy is generally negative.

Key words: education burden reduction; school hours; family education input; out-of-school training; parental feedback

主权安全威胁、平台安全阀机制与国家监管策略*
——平台企业监管的政治经济分析

陈　超　刘梦鸽**

摘　要： 在我国平台经济快速发展的二十年间,由于平台经济的跨地域流通属性以及高市场集中度,对于平台型企业的监管权力在初期收拢于中央政府;但平台监管进入新常态后,又再次呈现出向地方下放的倾向和趋势。为什么一部分平台型企业由中央政府部门直接监管,而对于另一部分平台型企业,中央政府选择让渡给地方政府实施代理式监管?本文从平台是否存在主权安全威胁以及安全阀机制是否生效两个原因解释政府进行平台经济监管时的层级选择以及注意力的分配逻辑。本文采取跨少量案例比较分析与案例内比较分析相结合的研究方法,以期厘清平台经济模式对权力结构和社会关系造成的现有影响,进一步探索政府与平台的互动逻辑。

关键词： 平台型企业;政府监管;国家安全;平台安全阀

＊　本文系国家社会科学基金一般项目"'新型政商关系'视域下优化政府与行业协会商会之间关系研究"(立项批准号: 21BZZ053)的阶段性研究成果。

＊＊　陈超(1985—),男,上海交通大学国际与公共事务学院副教授、博士生导师。上海交通大学政治经济研究院副院长、台湾研究中心常务副主任、上海市创新政策评估研究中心研究员。ccsjtu@sjtu.edu.cn;刘梦鸽(1998—),女,上海交通大学国际与公共事务学院硕士研究生。

一、问题的提出

随着互联网技术的不断创新,大数据、云计算和算法的应用改变了传统商业模式和工作性质,在政治、商业和社会的共同选择下诞生了平台经济(Kenney and Zyman,2016)。平台是指通过数字化信息手段促成供给方和需求方之间交易并收取适当费用而获得利益的,本身并不生产商品的虚拟交易场所(徐晋、张祥建,2006)。平台经济则是依托于平台型企业快速发展而形成的新型商业模式。大数据和算法是平台经济驱动商业模式创新的核心,在新一轮技术革命加速演化的同时,一定程度上彻底重塑了社会中的组织角色与分工(Kelkar,2018),并引发新型企业竞争形式以及政府的监管难题。

在平台经济快速发展的 20 年间,我国整体的平台政策环境具有从宽松扶持到强化监管,再到平稳推进常态化监管的变化特征。2020 年成为平台企业政策环境由宽松渐趋收紧的转折点。由于平台经济的跨地域流通属性以及高市场集中度,对于平台型企业的监管权力收拢于中央政府,其在平台企业反垄断、数据安全、防范金融风险以及推荐算法规范等领域展开专项治理。阿里巴巴因滥用市场支配地位被处以人民币 182 亿元罚单;滴滴因违反数字安全法等法律法规被处以人民币 80.26 亿元罚单并从美股退市;蚂蚁集团因违反《中华人民共和国中国人民银行法》等被处以人民币 71.23 亿元罚单并关停"相互宝"业务。

自 2021 年以后,强监管的趋势有所缓和。中共中央政治局于 2021 年 4 月 29 日召开会议,指出要促进平台经济健康发展,完成平台经济专项整改,实施常态化监管,出台支持平台经济规范健康发展的具体措施。在平台监管进入新常态后,监管行为主体职责再次呈现出向地方下放的倾向和趋势。在平台监管中,行政指令区别于法律法规的显著特征是回应性与机动性,通常缺乏对所有监管主体以及实现路径的一致性的要求。2021 年 6 月,《中华人民共和国数据安全法》出台,地方层面的法规如《深圳经济特区数据条例（征求意见稿）》也对外发布，明确要重罚"大数据杀熟"，并为平台有意收集个人信息画红线。除了深圳之外，福建和上海等地也开始讨论如何监管平台经济中出现的违规行为。在平台经济中发生的多次恶性事件中，能够观察到地方政府监管行为的频频出现。但对于不同类型的平台型企业，地方政府监管参与的程度并不相同。从整体上看，自平台经济监管权逐步集中在中央政府手中后，又再次向地方政府下放。

近年来，学术界也围绕着平台监管展开了系统性研究，主要集中于平台监管的必要性。但面临的挑战是分析视角和聚焦主体的单一性，即将政府行为置于单一的经济逻辑之下，并且并未关注到政府监管平台经济的主体和监管行动逻辑的差异性。笔者困惑的问题在于，伴随着平台型企业新型商业模式而呈现出的轻资产以及跨地域的属性，在政府监管过程中应该如何决定监管行为的层级；如何针对平台经济发展过程中出现的市场失灵问题，调和发展导向的经济激励和监管导向的政治动机之间的矛盾冲突。学者黄冬娅和梁渊栎（2022）在研究中指出，区别于传统的经济产业部门，头部平台企业具有高度的市场集中程度，使得多重政府层级在监管目标和强度选择上的弹性空间缩小，因此监管更需要充分的理性考量。对平台企业监管案例的调研发现，不同层级的政府在对待平台监管的各项议题的注意力上呈现出较大差异，进一步导向了差异化的行动方式。为推动平台经济更平稳健康地成为社会经济发展重要的助推力，聚焦于政府对于平台经济的监管逻辑具有重要的研究价值。

综上所述，本研究的主要问题是：为什么一部分平台型企业由中央政府部门直接监管，而对于另一部分平台型企业，中央政府选择让渡给地方实施地方代理式监管？鉴于平台经济自身业务所具有的跨地域的虚拟平台属性，有必要对平台型企业监管的主体层级及注意力分配次序的模式差异进行深入探究。从以行政指令为主的政府监管行为中抽象出监管逻辑，能够帮助我们更深入地了解政府与平台经济之间在政治权力与平台逐利本性之间的矛盾关系与冲突点。

二、文献述评

（一）平台监管模式研究

平台经济监管是指国家公权力机构以法律或行政条例为依据对平台经济中参与方的经济行为进行监督和干预，以促进平台经济可持续发展为核心目的。首先，按照发展核心驱动要素将全球平台经济模式概括为三种：一是由强大且占主导地位的全球性平台公司所驱动的美国模式；二是由政府驱动创新和监管的中国模式；三是包括社会、私人参与者、非政府组织和政府共同驱动的欧盟模式。而在以不压缩平台经济所产生的巨额利润的前提下，规范治理平台经济产生的诸多问题，主要有三种监管方式：一是加强平台的内容审查；二是基于过程破除平台的数据垄断和独占，加强数据共享；三是通过反垄断调查和寻找替代性商业模式来解决市场力量过于集中于头部企业的问题（Stockmann，2023）。

在平台经济监管模式研究中，政府与平台型企业的关系也是重要的研究主题。例如政府如何通过政策环境的塑造推动或阻碍平台型企业的发展，抑或是平台型企业通过何种途径减少政府监管的影响而获得结构性权力。黄冬娅和杜楠楠（2022）基于国家制度环境分析平台型企业出现后政企关系的变化，认为由国家意志以及规则等构成的制度环境依然是决定政企关系的主导性因素。也有研究提出相反意见，认为平台型企业至少存在五种阻滞政府有效监管的策略以推进制度漂移，例如重新定义分类、延迟诉讼、延迟街头官僚时间、延迟实施新型法规、延迟履行规定等，以帮助自身获得发展时间和机会，以增强政治权力（Mazur and Serafin，2023）。不同国家政府采取的监管主体、节奏及方式存在较大差异，因此要拆解平台与政府之间的博弈逻辑需要在各国的政治与经济语境中做具体分析。

中国政府对于平台型企业的监管体系涉及的层级和部门相对复杂。如表1所示，在中央层级中，国家市场监督管理总局负责组织指导全国网络交易监督管理工作;国家互联网信息办公室主要负责信息内容监管,包括保障信息安全并规范网络传播秩序等;工业和信息化部下设的信息通信管理局负责电信和互联网市场的用户个人信息保护;公安部负责网络用户个人信息安全保护,并侦查数据黑产以及流通非法数据的犯罪行为;在地方层级,县级以上地方市场监督管理部门负责本行政区域内的网络交易监督管理工作。

表1　我国的平台经济监管体系及主要职责

政府层级	监管主体	主要职责
中央层级	国家市场监督管理总局 国家互联网信息办公室 信息通信管理局 公安部	全国网络交易监督管理 监管互联网信息内容 电信和互联网市场的个人信息保护 网络安全保卫;检查数据黑产、数据非法交易
地方层级	市场监督管理部门等相关部门	区域内网络交易监督管理

资料来源:《网络交易监督管理办法》。

(二)影响平台监管模式的因素

在政府监管平台经济的生态系统中,监管客体的特性、监管主体的目的和能力以及社会态度和结构等环境因素都是影响监管模式的多方面因素。

首先是作为监管客体的平台型企业的技术特性与商业模式对监管模式造成的影响。算法和数据的应用是平台型企业显著区别于传统经济组织的特征,企业得以更加精准定位目标市场以提高转化率进而增加收入,但部分算法技术的滥用不仅阻碍了平台经济的可持续发展,同时也产生了诸如隐私侵犯、操纵舆论和数据泄露等一系列社会问题和合规问题。一是算法黑箱的非中立性使得它在被设计及应用过程中容易变成牟利工具而产生社会风险,并且因为算法的自动化过程使得设计者也很难预测运算结果,而出现"责任鸿沟",监管主体很难对失当行为做出明确的归责以及有效的监管

(Matthias,2004)。二是由于算法黑箱的非透明性,政府很难进行事前监管,并防范监管落后于技术发展的风险,毫无技术依据的处罚结果也会使得监管机构公信力下降(肖红军、商慧辰,2022)。而由于平台模式上的中立属性,即仅仅是提供供给和需求匹配,一旦暴露问题就会面临"行为人和责任人分离"的困境,政府往往只能采取被动的事后追责和运动性执法,很难防范问题的再次出现,并且也较难因为监管无效而削弱监管机构的权威性(张凌寒,2021)。

其次是作为监管主体的政府机构的主观动机影响。在理论方面,较多学者在平台监管中拓展了回应性监管理论的应用。回应性监管理论(responsive regulation)所强调的是对监管对象采取差别性待遇,与传统的命令控制型监管相悖:政府监管路径的第一步是判断被监管者的情况,第二步是根据对象选择恰当的监管策略。回应性监管理论认为,政府应该针对产业结构以及监管对象的行为动机来选择恰当的监管策略,并根据企业的不合作程度以及政治可接受性来升级威慑(Ayres and Braithwaite,1992)。有学者进一步延伸,在回应性监管理论的基础上探究政府监管的不同逻辑:认为政府监管介入的时序选择主要受到平台生命周期的影响,而政府监管的强度主要受到平台业务模式的负外部性大小的影响(钱贵明、阳镇、陈劲,2022)。回应性监管理论的前提是政府理性人假设,为达到较好的监管效果而根据监管对象进行监管方式的差异化选择。但研究的不足在于完全将政府作为反应式的被动方,忽视了政府自身的能动性以及主动监管逻辑。

有研究关注到外部国际环境以及国内政治社会条件变化对平台监管模式的影响。有学者通过对比俄罗斯和中国对于平台型企业的监管节奏,分析导致国家使用更严格竞争法约束平台经济的原因,认为存在外部国际环境改变和国内平台市场力量变化两方面因素影响政治参与者的相对实力及联盟力量,从而影响监管政策(Remington,Qian,and Avdasheva,2022)。虽然各国的监管政策缩紧可能存在部分共性政治机制,但我们不能够忽视的是细微共性下更大的差异。首先是各国面临的国际竞争环境不尽相同,例如中国的网络防火墙为国内平台型企业的初创发展营造了较为良好的低竞争环境,同时监管措施收紧后并不会造成国外平台大量挤占国内市场份额的情况,因此中国监管政策的弹性空间必然稍高于大部分国家;其次是不同国家内部平台经济发展的阶段、体量规模以及业务结构差异,将影响平台经济体在国内政治中的角色差异。

三、理论框架

在中国平台经济的发展过程中,有学者认为国家在政策激励、资金投入、技术扶持以及平台产业发展方面扮演着积极且重要的角色,为互联网基础设施的建设以及保护本土平台型企业创造了有利条件(黄冬娅、梁渊栎,2022)。国家在产业发展过程中的重要性体现在两个方面:首先,国家能够作为独立行为者有意识地影响经济社会及其组成单位;其次,国家的结构、功能和行为能够无意识地影响社会(埃文斯等,2009)。与利益集团理论和公共利益理论相区别,监管政治理论(Regulatory Politics Theory)充分肯定国家自主性,即认为国家在平台监管的过程中保持着充分的独立性和自主性,能够在追求自身政治利益、社会公共利益和商业利益集团之间找到策略性平衡。一方面,政府进行监管的直接目的并不是被商业利益集团所裹挟;另一方面,也不纯粹服务于社会公共利益。与目前学术界对于政府监管行为的研究多单纯从经济逻辑出发相异,政治逻辑能够帮助我们转向分析平台经济发展和监管中国家角色的重要性。

综合来看,对于平台经济的发展与监管场域,政府行为的出发点存在三种逻辑:经济逻辑、安全逻辑以及社会逻辑。经济逻辑,即政府侧坚持发展导向,扶持多元化的平台经济主体多元化发展,维护市场竞争,鼓励创新型技术应用。安全逻辑,即政府以确保国家主权完整和安全不受威胁为首要目标。社会逻辑,即通过管理措施处理伴随着平台生产过程中产生的负面外部性问题,来回应国内层面的社会诉求。经济逻辑无助于看清政府在平台经济监管时选择的主体以及监管策略的逻辑,因为发展导向和监管之间的拉扯普遍出现在各行各业。因此,本研究重点关注从安全逻辑以及社会逻辑出发去拆解政府对于平台经济监管的策略与行为，以期洞察政府的核心逻辑。

第一，关于政府平台监管的安全逻辑。国家主义范式学者强调安全逻辑是国家行为的第一顺位前提。鉴于国家处于国际和国内层面的交汇处，使得公权力机构不仅需要在国内进行常规政治管理，同时也需要在面临国际无序状态时维护国家安全并保证其存续。在国际上作为主权国家的存续是能够在国内继续进行管理的前提，因此对安全目标的追求是国家意志的首要组成部分。也有学者在国家自主行动目的的研究中，通过比较现代东亚国家的经济崛起和英美的相对衰弱，强调政治和安全逻辑下强国家对经济发展产生的重要影响（维斯，2009）。短期内政府的平台监管目标可能在发展和监管之中调节，但平台经济中政商关系的关键矛盾以及监管基调在长期内是稳定的。潜在的安全逻辑冲突体现在平台拥有的对虚拟空间的秩序制定权。在传统以及现代社会中，政府是绝对秩序的制定者，但在平台型企业所构建的虚拟交易场所中，平台通过算法黑匣完成对多数人的操纵以及新游戏规则的输出，极易形成虚拟的无政府空间。同时，平台算法技术的不可见性，以及对用户数据的随意使用，两方面均存在潜在国家安全威胁。平台型企业在业务开展过程中主要涉及三方面数据的抓取和储存：辨别身份及来源的用户数据、记录用户行为路径的行为数据及评估业务发展状况的业务数据。但由于数据本身所具有的数据量大、类型多样以及价值密度的特性，在黑箱下平台极易产生过度收集和使用数据的情况，而其中一部分数据严重威胁政府的安全感知。例如对于政治参与人员信息或国家地理位置信息的过度收集及存储，一旦泄露将对政府在国内以及国际层面的数据安全造成严重威胁。在某些情况下，头部的平台型企业可能成为外部势力干预国家内部事务的工具，从而对国家主权和安全造成重大影响。

第二，关于政府平台监管的社会逻辑，即政府除了要防止企业在国际层面上对国家安全的挑战外，同时也要回应国内层面中的社会需求，通过管理措施处理伴随着生产过程产生的劳工权益困境或负面外部性问题。由于爆发的负面外部性事件通常具有地域性，因此对于与社会需求相关的处理和监管通常由地方政府负责。平台的核心目的是营利，通常立足于商业模式的特性并通过游戏规则制定来向参与者汲取经济回报,例如向供给端商户收取合作费、资源广告位费用抑或是通过订单抽成营利。尽管数字平台的商业模式存在细节差异,但都是围绕着用户以及网络流量展开竞争和利润榨取(Fei,2023)。因此,用户体量是最直观的衡量平台成功与否的指标,与平台的营利能力正相关。这里需要引入的是平台与用户的关系,即支付的显性及隐性成本的差异。用户与平台的关系不完全是开放透明的,而是处于微妙的信息不对等状态:鉴于大部分平台上的用户并不需要为使用平台而支付货币即可完成供需关系的匹配。一旦平台出现让利行为,用户极易产生对平台的信赖和高忠诚度,不会轻易迁移至同类型竞争平台中,尽管平台让利通常以牺牲社会层面上另一侧用户或网约工人的利益为代价(Baldwin and Eric,2011)。但对于平台用户来说,这只是在金钱实体层面上的不付费,而由于使用平台所产生的个人数据、用户生成内容(user-generated content,UGC)、注意力等方面的隐形支付则为平台带来巨额利得。而这些来自用户的隐形支付,恰恰易被平台或特定群体所利用,例如隐私泄露、传播谣言或是网络欺诈等,从而在社会层面产生巨大的负面外部性。

处理平台经济模式在社会层面产生的负面外部性问题,需要地方政府施行针对性的监管行为。但平台型企业在社会诉求升级引爆的过程中并非完全被动的客体,而是运用平台系统内部的安全阀机制抑制矛盾爆发,以降低或转移地方政府监管注意力的分配主动权。平台安全阀机制的核心目标是利益受损者爆发的冲突无法引爆并瓦解平台生态,能够通过结构性工具将受损者对于平台的不满情绪转移到平台生态中的其他行为体,并使之得到宣泄以降低对于系统的冲击。而在平台生态系统中,不同行为者的结构性地位会影响受损的程度以及频率。如果安全阀机制发挥作用,地方政府监管分配的注意力减少,该平台成为监管的盲区;一旦冲突突破安全阀机制的限制,将加大引起社会广泛关注的概率,民意强化政府行为,并促使地方政府监管分配注意力加码,最终呈现出地方政府反应式监管模式。

综上所述,政府针对平台型企业的监管举措是安全逻辑和社会逻辑共同影响下的反应式行为。本研究认为,在平台经济高速发展并且逐渐融入经济社会各领域全过程各阶段时,政府侧既要防止平台型企业对政治安全和权威的挑战,同时也要回应来自社会的需求。但由于国家公权力机关特别是中央政府层级的监管资源有限,本研究认为政府应首先从安全逻辑出发,考量该平台型企业是否会对国家安全产生事实上或潜在的风险挑战,进而影响到平台监管的主体层级;第二顺位是从社会逻辑出发,看社会需求层面利益受损者与平台间的冲突是否会被平台的安全阀机制转移而内部消解,影响到地方政府监管的注意力分配次序。本研究关于政府平台监管逻辑差异性的逻辑框架图如图1所示,具体的逻辑细节和案例论证将在下文详细展开。

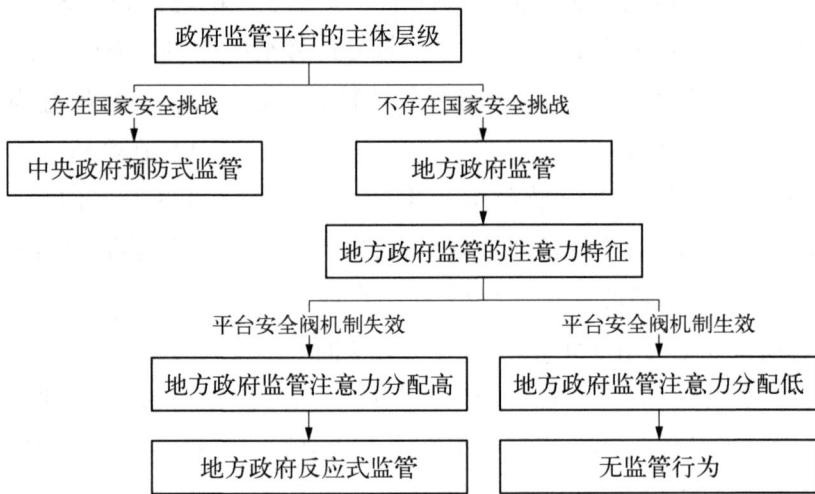

图1 关键变量逻辑关系
资料来源:笔者自制。

四、研 究 方 法

本研究采取跨少量案例比较分析与案例内比较分析相结合的研究方法,以定性研究为主,探究中国政府在平台经济监管的过程中的监管政府层级以及注意力分配上的差异。在政治学研究中,比较案例分析法即从多个案例的比较分析中提炼出具有普遍性的结论。比较案例分析法在政治学研究中具有多方面优势,例如通过案例比较更好地揭示因变量和自变量之间的因果关系;验证及拓展现有的理论边界;通过从不同角度或层面深入问题,生成新的假设,为后续研究提供新方向(Lijphart,1971)。案例内研究在识别因果机制上的优势体现在,能够通过过程追踪法在不同主体间厘清从原因到结果的一系列行为集合,通过因果机制的识别与分析来检验自变量与因变量之间的关系(陈超、游宇,2022)。

以更加全面并且深入地理解政府关于平台经济的监管逻辑与模式为目标,本研究将采取比较案例分析法进行分析和论证,通过对每个案例进行深入分析,从而提炼出案例间的共性和关键差异,进而梳理并建立有关影响政府对于平台经济监管方式的因果机制。为了更好地解释和分析当前的研究问题,并提高分析结论的有效性、扩大解释范围,本研究的案例选择遵循了以下原则,从而避免因为案例选择而导致结论的偏误。

首先是案例的代表性。一方面是符合我们对于中国本土平台型企业的定义;另一方面则是能够反映研究问题的核心特征,即政府侧对于所选平台案例采取了不同的监管策略和方式,以便我们能够根据案例间的对比,抽象出关键因素并理解因素之间的关系,从而支持研究的结论分析。

其次是案例间的可比性。本文选择了中国平台经济领域中的头部平台型企业,在国家市场监督管理总局的《互联网平台分级指南》中具有相似的用户规模、经济体量和限制能力的表现,因此具有高度相似性。在平台型企业分级定义中,美团在分级中属于超级平台;而滴滴出行由于主营业务较为单一,属于次一级的大型平台,但其在网约车业务中自2016年起就维持市场占有率的头部地位。为了进一步实现对于变量的控制,本研究在进行跨案例比较的同时采用了与案例内比较相结合的研究设计。值得关注的是,滴滴出行平台内部存在具有较大差异的政府监管事件,通过追踪对比滴滴平台内部不同政府监管事件成因以及监管形式,能够在实现对平台规模、用户体量以及业务模式等变量控制的基础上,挖掘影响政府平台监管逻辑的因果机制。

再次是案例的多样性。通过选择不同类型的平台型企业作为案例研究对象,能够发掘更加普适的研究结论,减少选择偏差而产生的偏误结论。根据《互联网平台分级指南》,可就平台连接属性和主要功能的差异对平台进行分类：滴滴出行属于以 LBS① 技术为核心的出行服务平台,而美团属于连接人与服务的生活服务类平台。差异化的案例选择,使案例分析并不局限于某一特定的情境,从而拓展了研究覆盖的方面和维度。

最后是案例的完整性。本文所选择的平台型企业案例具有较强的典型性,均能提供较为全面的数据和背景信息,从而提高研究的客观性和可靠性。滴滴出行监管实践是我国首次针对数据和算法逻辑进行监管和处罚的案例,同时案例所具备的详细证据背景能够为研究提供稳固的比较基础,便于系统地进行分析。

综上所述,根据以上原则,本文选择了滴滴出行和美团两个平台型企业作为案例进行比较分析,如表 2 所示。其中,滴滴出行是本研究中的关键案例,因为政府侧在平台上实行的监管策略具有较大程度的变更,从发展为主导转向地方反应式监管,再到中央政府监管。对于滴滴出行平台不同时间段的一系列监管措施,能进行案例内的比较分析,从而更准确地确定以及验证因果机制,并解释平台监管逻辑的复杂性以及动态变化的过程。

表 2　政府平台监管案例相关特征

案　　例	国家安全挑战	平台安全阀机制	负面外部性
滴滴——中央预防式监管	存在	失效	国家层次
滴滴——地方反应式监管	无	失效	社会层次
美团——地方监管盲区	无	生效	平台层次

资料来源：笔者自制。

五、平台监管模式的案例分析

(一) 中央预防式监管：数据跨境传输事件

滴滴出行(原名滴滴打车)成立于 2012 年 6 月,由北京小桔科技有限公

① LBS(location based services, LBS)基于位置的服务,利用技术手段定位设备所在位置并通过移动互联网提供信息资源和基础服务。

司运营,是一家移动出行服务平台,目前业务地域范围覆盖亚太以及拉美市场,主要基于 LBS 技术提供包括网约车、代驾以及顺风车等多元化出行服务,目前在拓展外卖、货运、汽车服务等本地生活场景下的新业务。滴滴出行在全球范围都存在扩张和并购的规划目标,因此需要更强的资金筹集能力。2021 年 6 月 30 日,滴滴出行在美国纽约证券交易所上市,股票代码为"DIDI",发行价为 14 美元/ADS,当日收盘价为 14.14 美元,市值达 681 亿美元(财新网,2021)。

随即 2021 年 7 月 2 日,国家互联网信息办公室发布网络安全审查公告,"为防范国家数据安全风险,维护国家安全,保障公共利益,依据《中华人民共和国国家安全法》《中华人民共和国网络安全法》,网络安全审查办公室按照《网络安全审查办法》,对'滴滴出行'实施网络安全审查。为配合网络安全审查工作,防范风险扩大,审查期间'滴滴出行'停止新用户注册"(中国电信网,2021)。

由于在纽约证券交易所上市有相应的企业信息披露要求,需要提交注册声明及年度报告,其中包括公司的财务报表、业务描述等。而纽约证券交易委员会将能够看到滴滴出行平台在业务运营中采集和储存的所有数据,因此涉及敏感数据的跨境传输问题。数据出境的风险主要如下:一方面会导致原始国家失去对敏感数据的控制权;另一方面在传输的过程中也面临着被截获、篡改以及滥用的概率。

本次针对滴滴出行平台的信息安全审查,主要涉及个人信息安全以及国家信息安全两个层面。

在个人安全层面上,滴滴出行在用户使用过程中存在严重违法收集个人信息的问题,包括但不限于行程信息、支付信息、联系方式、人脸信息,并以明文方式储存司机身份证号信息等。如果这些信息泄露或被不当使用,会对个人的隐私和财产安全构成威胁。如果一旦集中泄露爆发,单个人的信息安全就会蔓延成为对平台经济的信任危机以及社会层面的安全危机。

在国家安全层面,主要涉及网约车平台收集、储存和处理的数据跨境传输所可能引发的数据主权与国家安全问题。主权安全威胁,是指面向主权国家层次并对主权稳定和国家能力构成挑战和威胁,具体包括政治安全、国土安全、军事安全、信息安全以及核安全等诸多领域（王秉等，2016）。维护国家安全是主权国家在国际社会中保持独立自主的立足点。当网络作为第四维空间出现，国际社会中的主权国家竞争和冲突的场域也逐渐从军事等传统安全议题向网络安全以及数据安全等非传统安全拓展，而大数据也对国家主权安全形成了新挑战。在本研究的语境下，平台经济与政治权力、社会的互动关系中，主权安全威胁是指伴随着平台型企业的各种市场化行为，对所在主权国家的主权完整、独立性以及国家能力构成的削弱或挑战。

滴滴出行在平台运营中主要存在与国家安全有关的诸多敏感信息的收集，如实时地理位置信息数据、用户历史行程数据、支付数据、通讯录数据以及反馈数据等，涉及国防安全、经济安全、社会稳定等诸多方面。

首先对于个人数据过度采集而产生的隐私泄露和财产安全风险，国家互联网信息办公室通报，"经检测核实滴滴出行 App 存在严重违法违规收集和利用个人信息的问题，依据《中华人民共和国网络安全法》相关规定，通知应用商店下架滴滴出行 App，并要求滴滴出行认真整改存在的问题，切实保障广大用户的个人信息安全"（中国电信网，2021）。至此，各网站和平台均不得为滴滴出行以及滴滴企业版 App 提供访问和下载服务。

而对于国家安全维度的考量，2021 年 7 月 10 日，国家互联网信息办公室公布《网络安全审查办法（修订草案征求意见稿）》，提议掌握超过 100 万用户个人信息的平台赴国外上市，必须向网络安全审查办公室申报网络安全审查（中国网信网，2021）。2021 年 12 月 3 日，为防范风险持续扩大，滴滴出行宣布从纽交所退市。就具体的处罚措施，中国国家互联网信息办公室公布，依据《中华人民共和国网络安全法》《中华人民共和国数据安全法》《中华人民共和国个人信息保护法》《中华人民共和国行政处罚法》等法律法规，对滴滴全球股份有限公司处以 80.26 亿元人民币罚款，对滴滴全球股份有限公司董事长兼 CEO 程维、总裁柳青各处以人民币 100 万元罚款（中国网信网，2021）。

经历一年多的安全审查以及整改，滴滴出行于 2023 年 1 月 17 日恢复新用户注册并重新上架各大平台，提供访问和下载服务。

综上所述，对于滴滴的数据跨境传输事件，监管层级由中央政府为主导,国家互联网信息办公室进行全程跟踪负责。监管事件的触发点,是滴滴出行在纽约证券交易所上市后需要满足企业信息披露的要求,因而涉及由敏感数据的跨境传输问题引发的数据安全问题。因此,就监管目的而言,主要是维护国家安全与保护公众利益:在宏观层面上,聚焦于防范国家数据安全风险和保障国家数据主权;在微观上,主要保护用户的个人信息安全,防范隐私泄露和财产安全风险。

在应对滴滴出行数据跨境传输事件中,数据出境的安全风险扩散到国际层面,涉及国家主权安全,这也是事态升级的核心原因,因此在监管层级上由中央政府主导。而就监管的力度来看,国家互联网信息办公室迅速由反应式监管转向预防式监管,发布《网络安全审查办法(修订草案征求意见稿)》,要求掌握超过 100 万用户个人信息的平台赴国外上市时都需要经过互联网信息办公室的安全审查。通过立法,将本次针对突发情况的应急监管常态化。而对于滴滴出行的信息安全监管和整改也持续了长达一年半的时间。在审查和整改滴滴出行的同时,我国也公布《网络安全审查办法》相关条例。预防性法规的出台,对于平台型企业而言,需要熟悉所有可能触发安全审查的各类情形,从而规范自身行为,避免遭受监管和行政处罚;对于政府而言,是作为防范数据主权安全威胁和关键基础设施的通用兜底方式,是将重点威胁转向预防性监管的重要途径。

(二)地方反应式监管:顺风车安全事件

"打车难"是我国一二线城市普遍存在的问题,一方面在高峰时期供需严重失衡,另一方面司机和乘客存在严重的信息不对称问题。滴滴出行平台的搭建和运营,针对的是用户打车的需求场景和痛点,且立足于大数据搜集、LBS 技术应用以及算法优化来提供平台服务。LBS 技术能够在乘客打开应用时迅速定位乘客的位置并匹配距离最近的空闲司机,通过追踪车辆,展示其实时位置以及预计到达时间,减少用户的等待时间;通过对大数据的挖掘和分析,平台能够利用用户和司机的历史行为数据来进行优化匹配。滴滴出行平台运用大数据和复杂算法进行实时调度,通过海量历史订单数据来预测某地区在某时间段的需求量级、交通拥堵情况,以提前调整司机的分布,以及动态定价调整高峰时段和低峰时段的差异价格以平衡供需状况。综上所述,大数据和算法可以说是滴滴出行平台运营的核心,但由于平台的核心角色是通过平衡供给与需求来营利,滴滴出行平台通过降低准入门槛以及产品功能涉及对于供给端的过度激励也带来了较大的负面外部性。

随着平台业务覆盖城市范围的不断扩大以及用户量的不断增长,滴滴出行业务在社会面上不断出现爆发于乘客与司机之间的恶性暴力事件。其中,两起恶性事件引发了社会公众的广泛关注和讨论,分别是"郑州空姐打车遇害案"和"乐清滴滴顺风车司机杀人案",均为女性用户在乘坐顺风车后失联,随后发现遇害的事件。在"乐清滴滴顺风车司机杀人案"中,受害人好友在收到求救信息后多次向滴滴出行平台索要车辆地理位置以及司机具体信息,均被平台客服以维护隐私为由拒绝提供。由于错过最佳介入时机,受害人因乘坐网约车后遇害身亡。

虽然平台和技术具有天然的中立属性,即并非过错的产生方,但平台在恶性事件中扮演的角色以及态度倾向依然引起政府以及社会的广泛关注。其一是关于平台顺风车司机的准入门槛。乐清滴滴顺风车司机钟某经警方查证,其名下有多笔贷款及不良信息记录,债务总额达数十万元(新京报,2018)。个人信用背景存在严重污点的用户却能够注册成为滴滴平台顺风车司机。其二是关于平台处理以及客服响应的速度,一方面司机在性骚扰女乘客被投诉后依然能够正常接单;另一方面在乘客失联后,家属以及警方向客服人员索要司机和车辆信息,却被客服以保护用户隐私为由拒绝透露。其三是滴滴出行在产品和业务逻辑中天然的感情倾向,滴滴顺风车司机能够以印象标签的形式对乘客进行评价,且有较多露骨言辞。滴滴顺风车司机在接单前能够在软件上看到其他司机对乘客的评价,并以此作为选择是否接单的依据,而行程结束后也能够通过顺风车平台的聊天功能继续与乘客联系。这一点归因于平台在业务发展过程中依然是以追求供给和运力提升为主,因此在产品功能上对平台出行服务的提供者有诸多激励,但这些功能设计恰恰成为犯罪行为的温床。

这两起案件将滴滴出行等网约车平台的安全隐患问题推向风口浪尖。2018年8月25日,浙江省道路运输管理局迅速反应,紧急约谈滴滴平台浙江区负责人,鉴于顺风车业务存在的重大安全隐患要求平台立即整改,整改期间暂停浙江区域的顺风车业务。2018 年 8 月 26 日,北京市以及天津市交通运输、公安部门对滴滴公司展开联合约谈,要求立即全面整改顺风车业务并加速推进合规化进程,并及时向社会公众报告整改情况,充分保障乘客的出行安全和合法权益。随后,全国其他城市包括深圳、武汉、重庆及兰州等 15 个城市均对滴滴平台就恶性事件暴露出来的安全隐患问题和经营管理漏洞进行约谈。

在面对政府约谈监管后,滴滴平台做出了如下整改方案:一是在全国范围内下线顺风车业务,在内部重新确定业务模式以及产品逻辑;二是推动客服体系整改升级并加大人力和其他资源的投入;三是免去了顺风车事业部总经理以及客服副总裁的职务,启动全面的安全培训计划。2019 年 11 月,滴滴出行公布了顺风车全新产品方案并在部分城市展开试运行,先后上线一键报警、行程分享以及全程录音功能;进一步提高顺风车司机的准入门槛,定时对存在犯罪记录或人车不符的情况进行筛查清理。

综上所述,针对滴滴的社会安全事件,在监管行为主体上以各地地方政府为主体,而监管的主要目的则是维护乘客安全以及维护公共利益,以防范社会危机。随着平台业务覆盖的城市范围的扩大以及用户量级的增长,乘客与司机之间的恶性暴力事件逐渐增多,而"郑州空姐打车遇害案"和"乐清滴滴顺风车司机杀人案"引起广泛关注后成为平台监管的触发点。包括出事地以及其他各地方政府围绕潜在的业务风险问题对滴滴出行公司进行约谈,并要求整改顺风车业务,以保障乘客的出行安全以及公共利益。恶性暴力事件暴发的背后,是平台在产品和业务逻辑设计与运营上存在的问题的外显化。

冲突功能主义学者刘易斯·科赛(Lewis Coser, 1989)提出的"社会安全阀"理论,蒸汽锅炉中的安全阀装置能够在锅内水蒸气超过一定气压时,自动打开阀门排出一部分水蒸气使锅炉不至于爆炸。而社会中也同样存在的安全阀装置,"阀门"打开后能够排出不满情绪,从而发挥调节冲突而不至于瓦解社会的作用。社会安全阀的核心功能是将社会中不满情绪的发泄目标引导向替罪羊而非真实的对立方,使得因利益受损而累积的敌对情绪得以宣泄,避免社会结构遭受冲击。

平台经济生态系统中同样存在安全阀机制,即通过一定手段及工具将利益受损者的不满情绪引导至平台生态系统中的其他行为体,在避免矛盾冲突对平台自身造成冲击的前提下,同时降低引起社会面关注与监管注意的概率。平台安全阀机制整体上包括组织性手段、技术性手段及社会化手段。值得关注的是,平台安全阀机制无益于从根源上解决冲突与矛盾爆发的原因,仅仅是粉饰工具;而一旦平台安全阀机制生效,将会进一步形成地方有限监管。

平台安全阀机制包含管理潜在利益受损者以及转移已爆发的矛盾冲突两部分,其核心在于达成对于系统内行为体控制的目的。首先,组织化手段是指以契约方式达成对于系统内行为体的管理控制,从而构建组织上的从属关系,以便达成利益攫取和冲突转移;其次,技术化手段是指通过大数据以及算法技术监控行为者的全过程,根据各行为体不同的弹性特征制定差异化的玩法规则,是平台结构化地位的具体表现;最后,社会化手段具体体现为一系列转移已爆发矛盾冲突的流程,即分化利益受损者内部,进一步弱化群体的集体行动能力,进而转移核心受损者的矛盾目标使其不满情绪能够宣泄,最终使冲突性质降级,并分散社会面和监管的注意力。而在平台安全阀机制的控制与转移下,社会化手段是平台安全阀机制生效的核心,组织化和技术化手段能够进一步强化控制效果。

最终平台安全阀机制的控制效果取决于两方面因素。首先是在事件中利益受损者的结构性地位,对于与平台相比处于较低结构性地位的利益受损者,平台能够通过组织化以及技术化手段构建其相对于平台的从属关系,进而强化平台安全阀机制的控制效果;其次是利益受损者群体的内部关系,如果受损者高度依赖于平台谋生且受损者之间属于竞争替代关系,从而形成跨区域集体行动的意愿低且成本较高,平台能够利用社会化手段分化利益受损者,进而瓦解他们的集体行动能力,最终强化平台安全阀机制的控制效果。

在滴滴顺风车安全事件中,地方政府以反应式监管形式为主,而民众的关注进一步强化了监管行为中的社会回应。由于平台在结构以及技术上的中立属性,平台生态系统内部同样有为维持稳定而存在的矛盾转移机制。平台生态系统中产生的矛盾冲突,常常由于平台角色和场所的不可见性,因此在供给方、需求方以及网约工人等行为体之间爆发冲突时,平台通常不会引起社会面的广泛关注以及政府监管的注意。同时,由于利益受损者的交易链路自然闭环于平台生态系统内部,因此通常情况下冲突的范围能够有效控制在平台生态系统内部,而不外溢至社会层面。但滴滴出行平台的社会安全事件则突破了平台安全阀机制的限制,引起社会面的广泛关注。滴滴出行平台上的两起恶性事件直接导致了乘客的死亡,引起了较为广泛的传播,无法将负面外部性的扩散局限在平台生态系统内部。在社交媒体中,此突发事件一经传播迅速激起民众对于平台的愤怒情绪。在社会回应逻辑下,地方政府一方面针对恶性杀人事件进行处理;另一方面也针对相关安全隐患对平台进行整改,进行针对事件的反应式监管。

(三)监管盲区的形成:平台安全阀的生效

美团成立于 2010 年 5 月,由北京三快在线科技有限公司运营,是一家提供 O2O(online to offline,线上到线下)本地生活服务并连接消费者与本地商家的零售平台,业务涉及衣食住行各领域,包括外卖、餐饮、住宿、出行、旅游等业务。美团等外卖平台为社会创造了大量直接的就业岗位,同时也撬动了上下游产业链而创造了大量间接就业的岗位,但对于新型灵活用工形式以及爆发的劳资矛盾往往缺少中央以及地方政府监管的身影。其中,外卖骑手是联通平台上消费者与商家的关键环节,影响着商家的按时履约能力以及消费者的用户体验,因此城市的运力储备在很大程度上与平台在该城市的营利能力高度相关。根据《美团 2022 年企业社会责任报告》,美团在 2022 年共创造了 624 万的外卖骑手配送岗位,其中 81.6% 来自县域乡村地区的农村转移劳动力,28 万名来自国家乡村振兴重点帮扶县。

但外卖平台对社会造成的负面外部性主要存在于美团外卖的网约工人配送环节。2023 年 4 月 21 日,广东省汕尾市的美团外卖骑手因不满平台管理问题,宣布集体罢工。汕尾市外卖骑手罢工的起因是平台待遇在月初下降,骑手在下雨天并没有拿到恶劣天气应有的补贴,同时平台还将单价从

5元降至3.8元左右,一并取消了每月的电瓶车补贴、话费补贴和全勤奖共350元。于是有骑手罢工以示抗议,而平台对不上线的骑手以每天罚款50元的方式应对,这激起了更多外卖骑手的愤怒情绪,于是汕尾市城区六七个配送站点数百名美团骑手宣布罢工,加上恶劣天气的影响,美团平台的在岗骑手数量无法支撑配送需求,严重影响外卖的履约流程。这也是美团外卖骑手罢工施压的逻辑起点,希望通过区域运力不足的压力使平台提高骑手待遇。

而美团平台面对汕尾外卖员的集体罢工的处理方式是:从惠东、河源和梅州等周边城市,调集了大量外地骑手到汕尾补充运力的缺失。平台的基础态度是宁愿以数倍成本调配骑手也拒绝提高本地骑手的待遇。相比于汕尾本地骑手一单3.8元且没有补贴待遇,平台提供给外地抽调的外卖员住宿以及保底薪资200元一天,以及每单10元的价格,以此激励外地骑手补充汕尾市的运力资源。

在外地骑手及时补充运力后,极大地降低了平台消费者侧体验的不良影响,因此并没有引起民众和相关监管部门的注意。而原本本地骑手和平台之间的矛盾,在平台抽调外地骑手补充运力的操作下转化为本地骑手与外地骑手之间的矛盾。一方面,本地骑手的罢工之举失去了预期的效果和作为与平台议价的机会;另一方面,平台也成功从事件中脱身。

在汕尾本地骑手罢工一周后,美团汕尾配送部在补贴方面做出了让步,但同时颁布了《新升降机制》,惩罚罢工骑手,鼓励留岗骑手。在让步方面,将基础的单价从3.8元恢复到了压价前的5元;新的升降机制将外卖员按E、B、A排序并逐级升降,骑手的评级将影响平台给骑手派单的优先级以及补贴单价,并且门槛条件是骑手每月需至少出勤26天且满足7日内完成20单的条件。而对于许多罢工骑手,美团平台进行了强制删号处理,无法再注册为外卖骑手。在美团汕尾配送部发布了通知后,外地骑手陆续撤离,部分本地骑手复工。但本地骑手对于结果并不满意:一方面是承诺的待遇并不具备永久性,随时更改政策的权力依然掌握在平台手中;另一方面待遇部分让步的前提是《新升降机制》让骑手的收入利得更加依赖于平台,自由度大大降低。反观平台侧,在应对骑手罢工事件上已经有较为成熟的应对方案,即从内部进行矛盾冲突的转移并瓦解行为体的集体行动意愿。

综上所述,由美团针对汕尾外卖骑手罢工事件的处理可知,平台生态系统内部存在着为维系稳定而进行矛盾转移的平台安全阀机制,避免利益受损者冲击平台内部的结构和稳定性。汕尾美团外卖骑手罢工事件并非首次,但非常具有代表性,能够直观展现外卖骑手与平台之间议价能力的差距。美团平台内部的安全阀机制的生效流程可以总结为:首先在骑手内部通过地域或利益立场的差异进行分化;再将自身与骑手间的劳资矛盾转移本地骑手与外地骑手之间的矛盾,从而在事件中隐身;最后,将劳资矛盾的性质降级为平台生态系统内部的利益冲突,从而分散社会面以及政府的注意力。地方政府监管盲区的形成,可以归因于平台系统内部的安全阀机制以及网约工人议价权的缺失。平台在与商家、外卖骑手的三角零和博弈中占据绝对的优势地位,特别是在发展成熟期,是现有游戏规则的制订方。平台能够通过灵活劳动用户的形式、无形的算法技术以及平台安全阀机制,将与网约工人所产生的矛盾控制在平台系统内部,从而分散政府的监管注意力。

本次骑手罢工事件的核心是骑手的收入结构和平台的利益分配之间的矛盾。劳资矛盾的爆发跟企业的逐利本性息息相关,目前外卖市场已然属于存量竞争,总体的流量大盘已经趋于稳定,为了保持业务利润的持续增长,降低成本是当前最为便捷的选择。根据 2023 年第一季度公司财报,美团在 2023 年一季度净利润扭亏为盈的关键在于成本控制的优化,公司的销售开支由 2022 年第四季度的 432 亿元人民币减少至 388 亿元,据公司管理层所述,其中销售成本的降低主要由外卖以及优选的配送成本以及零售业务毛利率改善促成。因此,在平台型企业降本增效的大环境下,生态系统中议价权最弱的网约工人最易成为被牺牲方。

而骑手在事件中表现出来的困境根源于其在平台行动方中议价权的缺失。由于消费者支出较为固定,那么瓜分费用的平台盈利、商家营收、骑手收入本质上是一个三方的零和博弈,一方的利得意味着另一方的损失。而骑手在利益三角中的可替代性最高:外卖配送骑手并不需要学历或既有经验等门槛,只需要会骑电动车以及识路即可;更重要的是,当前市场上存在大量廉价劳动力，一个区域罢工了，另一个区域的闲置劳动力在利益的驱使下可以随时进行替换，因此骑手在平台各行动方的三角关系中并无议价权。

在骑手收入与平台的利益分配存在既有矛盾关系的基础上，理性分析本地外卖骑手和平台配送部的行为逻辑有助于更好地理解伴随平台经济发展而产生的劳资矛盾问题。外卖骑手罢工，本质上利用平台短时间内对于运力的需求，即如果不配送履约，那么三方一分钱都赚不到的逻辑。但能够成功打平台措手不及的前置条件较多，例如网约工人集体行动的意愿和团结程度、平台对于时间成本的敏感程度以及是否有应急的备案。

综上所述，回归到网约工人在平台生态系统中的结构性地位，在爆发冲突并成为利益受损者之后，网约工人难以成功突破平台安全阀机制的限制，也难以通过集体行动推动矛盾升级而对平台系统内部造成影响。例如汕尾罢工事件，美团平台就通过分化网约工人内部，将爆发的矛盾进行了完美转移，成功分散了地方政府与民众的注意力。

六、平台监管的政治经济逻辑：比较与归纳

（一）监管主体层级的选择

受客观条件限制，中央政府的注意力与监管资源是相对有限的，因此在监管事务的分配上会考虑将一部分问题的处理权移交给地方政府。本研究认为在权衡平台监管层级时，中央政府会首先将监管重心集中在对于国家安全或者能力产生挑战的平台型企业上。因此从安全逻辑上，一旦平台企业的某些市场化行为将对国家安全构成威胁时，中央政府的相关部门就会直接介入监管。

由于平台经济的跨地域性和高市场集中度，对其监管的权力往往上移至中央政府。黄冬娅和梁渊栎（2022）将传统产业部门与平台型企业的监管主体进行对比，由于传统的民营企业市场集中度较低且呈现碎片化的特征，监管执法权也集中在地方政府层面；随着市场集中程度相对更高，且经

济行为呈现出跨地域特征的平台经济的出现与发展后,有别于传统民营企业的是,监管层级呈现出上移至中央政府的现象。

有关平台经济监管中的法定监管主体包括从中央到县级地方政府。根据《中华人民共和国网络安全法》第八条规定,"国家网信部门负责统筹协调网络安全工作和相关监督管理工作。国务院电信主管部门、公安部门和其他有关机关按照本法和有关法律、行政法规的规定,在各自职责范围内负责网络安全保护和监督管理工作。县级以上地方政府有关部门的网络安全保护和监督管理职责"。因此存在多重政府层级对平台型企业进行监管,而本研究首先要探究清楚的是:什么因素影响政府监管平台型企业的层级?

政府监管从理论上讲是为处理市场行为主体在经济活动中产生的负面外部性。而平台型企业能够对国家安全造成的威胁类型、范围以及程度,本质上源于平台型企业最为核心的生产原料——数据的采集和使用。随着云计算和移动互联网的蓬勃发展,大数据已然成为与自然资源、人力资源同样重要的战略资源,成为国家数字主权的体现,是除海、陆、空外大国博弈和竞争的另一维空间(李国杰、程学旗,2012)。数据主权原则上是指一国对其政权管辖地域内任何数据的产生、流通、使用以及交易进行管理和控制的最高权力,体现在有权采取必要措施保护数据权益免受其他国家侵害。

对于中央政府而言,首先要防范平台型企业在经济活动中产生的负面外部性扩散到国际安全以及竞争环节,以防止数据安全问题影响到国家政治、经济命脉以及军事安全(齐爱民、盘佳,2015)。大数据分析技术能够通过平台所聚集的经济活动信息来系统性分析从个人、企业甚至国家的未公开隐私信息以及经济运行状况(李广乾、陶涛,2018)。滴滴出行平台监管主体在层级上具有差异,数据安全审查事件和社会安全事件的监管主体分别是中央层级的国家互联网信息办公室和地方层级的交通运输部门以及公安部门。

数据安全审查事件和社会安全事件涉及的风险性质与影响范围并不相同。滴滴出行在数据安全审查事件中,涉及数据出境的安全风险问题,负面外部性也扩散到国际层面。滴滴出行平台在业务开展过程中存在过度收集用户数据的行为，数据一旦跨境传输而被敌对势力利用，可能会对我国军事、政治、经济甚至社会产生消极影响。首先在军事层面，实时地理位置信息数据可能包括国防安全基地等保密位置的泄露；其次是政治层面，主要涉及国家政府官员及公务人员的通讯录数据和历史行程数据，可能涉及工作地点、社交网络以及日常习惯的曝光，而产生以此锁定组织关键人物、勒索或袭击的风险；在经济层面上，用户的支付数据可以用来分析其消费习惯及经济状况，以此作为国际金融攻击的信息参考；最后对于社会层面，用户的反馈信息可能被用以煽动社会不满情绪，从而会影响社会整体稳定。因此，对于滴滴出行平台赴美上市而产生的数据跨境传输问题，对国家安全构成多方面及多维度的挑战，中央政府相关部门就会直接介入监管。

维护国家主权与安全是政府行为逻辑的第一出发点，中央政府会重点监管对国家安全造成影响的平台型企业，并将其他社会面的负面外部性监管权力让渡给地方政府。由于平台型企业自身存在有别于传统经济的新型大数据生产资料、运营模式和技术特性，因而产生以数据安全为代表的非传统安全议题，成为国际竞争的新场域。数据安全审查事件中暴露出的负面外部性是国际竞争层面以及全国性的，是由于数据主权和国家安全受损而产生的一系列风险，因此政府监管主体是中央层级。而滴滴出行的社会安全事件在爆发范围上是地域性的，而且主要体现在对社会需求的回应而非国家安全威胁，因此监管层次则是以地方政府为主。

（二）地方政府注意力分配的差异

平台型企业在经营活动中具有天然趋利属性，产生的负面外部性除影响国家安全与数据主权外，同时也可能攫取生态系统中弱势群体的利益而产生消极影响。本研究认为平台经济中的行为体均可能成为利益受损者，但不同行为者的结构性地位会影响受损的程度以及频率；平台经济系统中存在消解矛盾情绪的"安全阀机制"，如果安全阀机制生效，将会减少地方政府监管分配的注意力；而不受安全阀机制影响的平台与利益受损者间的矛盾将引起社会的广泛关注，民众的关注强化了政府行为中的社会逻辑，并在地方政府监管分配注意力时加码，最终呈现出地方政府反应式监管模式。

在平台经济的发展过程中,平台首先要保持的是规模优势,进而能够依托于自身的市场规模以及资源延长上下游产业链条,在上游保证更多的市场供给,下游能够衍生更多的服务业态。在扩大规模和衍生服务业态的过程中,市场及社会中更多的行为者参与并相互交织,逐渐形成日益复杂和庞大的生态系统(李广乾、陶涛,2018)。平台型企业作为匹配供给与需求的虚拟场域,与平台上的各互动方共同构成了相对闭环的平台生态。

由大大小小不同平台所形成的平台生态是一个复杂的系统,涉及多方行为体,且有各自特定的角色功能、互动关系以及不同的结构性地位。在平台生态中行为体能够拆分为:生产者、消费者、完成线上到线下履约链路的网约工人、提供信息和匹配服务的平台。首先生产者是提供商品、服务或信息的个体或组织,他们拥有设备、原材料等生产资料,通常能够决定何时以及以何种价格进行销售;消费者是在平台上寻找商品、服务或信息的个体;网约工人则是通过互联网平台提供服务,其收入取决于完成的任务或订单,且无权决定服务的价格。在平台上,核心匹配的角色是供给方和需求方,其中平台仅扮演提供信息和虚拟场地的第三方角色。

实际上,平台也在结构上调整着多方互动的规则以及收入,这也是平台经济利用不平衡的价格结构影响交易的既有特征。美团的联合创始人王慧文指出,在供给需求关系中的稀缺者是平台最应该投入补贴资源的。因此,在构建双边平台时,往往需要根据业务所处阶段和现状分析,平台前期倾向于补贴供给方以提升供给丰富度,在中后期推进消费者侧的用户增长,通过一方的规模吸引另一方入驻平台从而形成网络效应,并进行规模化变现。例如,滴滴出行平台在早期时依靠出租车业务起家,但面临的问题是出租车属于市场上已有的存量供给且数量有限,新平台只能通过福利补贴手段将司机从其余平台撬走,但也随时面临着己方流失的风险。因此通过私家车的引入带来了大量的供给,确保了用户在有打车需求时的良好体验,从而实现了用户留存。而在业务相对稳定时,大多数平台都开始围绕着用户流量竞争,即通过用户补贴吸引新用户进入以及提升老用户的使用频次,实现规模化的变现。平台在其中通过价格工具来调节供给和需求关系的方式是长期稳定且有效的。

生产者和消费者是平台业务的两个重要支柱,并且生产者在多数情况下是平台价值的基础,因此它成为利益受损方的概率更低。平台需要通过定价或补贴工具平衡两方的利益,一旦一方对平台发展阶段具备战略性意义,其相对于平台的结构性话语权就能够上升。一方面,平台留住生产者的意义在于当前激烈的竞争环境下,市场足够细分,专业化生产者的替代成本较高。特别是对于标准化程度不高的行业,例如视频以及直播等平台,生产者在平台间的迁移往往能带动影响消费者的去留,并且平台主要的收入来源也是向生产者收取佣金及广告费。其次,维护消费者侧的意义直观体现在市场份额、平台流量以及营收变现的能力。消费者作为用户为平台带来流量,是吸引生产者的关键;同时用户在使用时为平台提供偏好以及行为数据,这些数据能够优化平台算法,提高营销准确性;同时越高的用户量级也意味着商业化变现空间越广,无论是点击广告还是进行交易都能够转化为平台营收。

网约工人也是互联网平台业务模型中的关键组成部分,但与生产者与消费者相比,作为劳动力的网约工人不掌握任何生产资料,且工作绩效也并不与工作经历和时长强相关。相比于生产者和消费者,网约工人对于平台的议价权相对较低,平台能够随时以低成本替换不满意的网约工人,网约工人的剩余价值极易被平台型企业攫取。有研究以马克思对资本主义生产过程分析为基础,认为平台经济必然具有资本主义的性质,并且是随资本家对于赚取剩余价值方式而出现的新型剥削关系,体现在平台逐渐扩大网约工人剩余价值的获取空间,并且实现其价值的无限增值（王璐、李晨阳,2021）。

接下来将横向对比滴滴出行平台的社会安全事件与美团平台的劳资矛盾事件中地方政府的角色与处理方式。在滴滴出行平台中,地方政府呈现出反应式监管的特征,以地方交通运输以及公安部门约谈形式为主,并逐渐以事件突发地为中心向外扩散到其余城市。而美团平台中的劳资矛盾事件中并未出现地方政府的身影。这是因为地方政府在分配监管注意力时,对于同样对社会面产生负面外部性影响的平台事件,会有不同的优先级。

平台经济中同样存在"平台安全阀"机制,即矛盾转移机制。通过结构性工具或功能设计将利益受损者的不满情绪转移至平台生态中的其他行为体,避免平台经济自身结构以及核心的商业模式受到冲击。平台安全阀机制发挥作用的核心原因在于平台在形式上所处的"中立地位"。表面上,平台仅仅是提供信息和匹配供需的场地,而实际上平台能够通过"游戏规则"的设置将矛盾进行转移。在美团平台的劳资矛盾事件中,汕尾地区的外卖骑手是利益受损方,从最开始将不满情绪直指平台,并通过罢工挑战供应链履约环节的稳定性。而平台仅仅通过以高福利待遇就能够从周边地区抽调骑手,在补充本地稀缺的运力的同时,更是将本地骑手的仇视情绪重新牵引到了原本归属于相同劳动者阵营的外地骑手身上。招募外地骑手的消息很快在抖音等社交媒体上传播,怒火迅速锁定到"背叛"本地骑手的外地骑手身上,社交媒体上出现号召本地骑手扎车胎、锁车,向交警举报外地骑手逆行,以及让本地居民下单取消后给差评的声音。通过宣泄对外地骑手的愤怒,原本对于平台的敌对情绪因转移宣泄而被稀释。

与外卖骑手罢工事件不同的是,滴滴出行平台的社会安全事件绕过了安全阀机制,引起社会大众的广泛关注,并且地方政府监管部门快速反应并进行合规约谈。而绕过平台安全阀机制存在多方面影响要素。

作为背景因素的是关于事件性质的定调,滴滴出行平台上的两起恶性事件直接导致了乘客的死亡,涉及消费者的生命安全,在事件性质上就无法将影响局限在平台生态系统内部;而美团平台汕尾骑手罢工事件主要涉及劳资关系和骑手待遇,并没有威胁到其余公众的生命安全,因此在传播力度上存在差异。

而更为核心的是利益受损者的群体构成身份不同。消费者群体是利益风险共担且议价权相对较高的合作共赢关系,而网约工人属于依赖于平台谋生且彼此间替换成本近似为零的竞争替代关系,从而影响两方集体行动能力。滴滴出行平台中的核心受损者以及潜在受损者是平台消费者,最终的行动结果是消费者跨区域联合质问平台的失责。由于滴滴出行平台暴露出的问题,是所有用户在网约车平台中都有可能遇到的风险问题,在网络社交媒体上传播大大降低了跨地域的消费者关注和参与质问平台的行动成本。而美团平台汕尾骑手罢工事件中网约工人是利益受损者,最终的行动结果是网约工人内部出现跨区域竞争替换。此外，由于地域原因，利益受损者的规模相对较小，待遇问题也很难引起无关社会民众的关注，并且利益受损者自身进行集体行动的成本也是巨大的，因为如果罢工抗议成功，受益范围包括没有行动的人，而一旦失败就会以失去谋生途径为代价。网约工人在平台经济生态中处于最低的结构性地位，安全阀机制可以将矛盾可以转移到消费者或者其他网约工人群体，进而使矛盾的爆发与消解都发生在系统内部，不至于外泄。

最后，我们更需要正视安全阀机制的消极影响，即它只能疏解利益受损者对于平台的不满情绪或缓和矛盾，并不能解决根本问题。由于平台安全阀的存在，在平台经济系统中产生的一部分矛盾和冲突能够在内部进行转移消解，而无法将外部性影响扩散到系统之外。因此在美团汕尾外卖骑手罢工的案例中，利益受损者与平台间的矛盾被安全阀机制所转移而内在稀释，致使利益受损者自身以及部分社会民众的注意力转移。同时，由于矛盾冲突并未爆发，也并未引起地方政府相关监管部门的注意，最终也并未有效解决问题和改善劳资矛盾出现的根本结构性因素，因此也无法在未来杜绝冲突的再次出现。

七、总 结 与 讨 论

本文解释的核心问题是：为什么一部分平台型企业是由中央政府监管，而另一部分是由地方政府监管，甚至是不予监管？本研究将政府平台监管行为逻辑的理解拆分为监管主体层级的选择以及注意力分配的优先次序。

关于政府监管主体的层级选择，主要取决于平台型企业是否会对国家主权与安全形成挑战。中央政府的监管集中在对国家安全造成挑战的平台议题，而地方政府则主要是回应社会需求；关于地方政府注意力的分配问题，平台经济生态中的安全阀机制一旦生效，则会减少地方政府监管的注意力，只有当利益受损者依托结构性地位以及集体行动能力突破安全阀机制时,才更有可能引起社会公众的关注以及地方政府的反应式监管。因此,产生出三类监管行为逻辑:对国家安全与数据主权存在挑战的平台型企业由中央政府监管;社会面冲突爆发后越过平台安全阀机制的平台型企业由地方政府监管;而冲突矛盾被安全阀机制在系统内消化吸纳的平台型企业则有效地转移了政府监管的视线。

政府的监管目标能够被区分为以安全逻辑或是以社会逻辑为目的,且分别是中央层级与地方层级监管行为逻辑的出发点。中央层面的相关部门更多的是从国家安全逻辑出发,一旦平台经济行为中的负面外部性影响到国家安全、数据主权以及国际竞争形式,例如跨境数据传输等问题,中央层级的相关部门就会施加监管行为。平台型企业的经营活动产生的负面外部性,不仅影响国家安全和数据主权,还可能损害社会中弱势群体的利益。因此与中央相比,地方层级的相关部门更多从回应社会需求的社会逻辑出发,而不直接涉及与国家安全相关的问题。

在地方政府监管注意力分配次序的问题上,平台生态系统中的安全阀机制能够将矛盾局限在生态系统内部并减少政府的监管注意力;只有当绕过安全阀机制或是机制失效时,才会引起社会大众的广泛关注和地方监管的快速反应。而由于地方政府监管的核心出发点是回应社会需求,但地方监管资源相对有限,并不能回应所有需求。

突破安全阀机制的途径,除有涉及公众生命安全的事件性质定调差异外,更重要的是利益受损者的构成身份不同的影响:如果利益受损者的结构性地位以及集体行动能力较弱时,安全阀机制就能够将矛盾转移并在平台系统内消解,不会引起社会面的关注;而如果利益受损者的结构性地位和集体行动能力较强时,就能够跨区域联合,绕过安全阀机制转移矛盾且向平台施压。

首先关于平台生态中各行动者的结构性地位差异。生产者是平台交易和经济活动的基础,与平台属于合谋共赢的利益共同体,特别是头部生产者的可替代性较弱,结构性地位较高;消费者在各平台之间的流动性较强,流量对于平台有战略意义,但由于新用户来源范围较广,有一定的营销和推广拉新成本,但消费者规模越大,相对于平台的结构性权力就越大;最后是网约工人,由于技术门槛低且低端劳动力市场储备丰富,替换成本近乎为零,因此其在平台生态系统中的结构性权力最弱。行为者的结构性权力越弱,对于平台系统所造成的打击越可控,同时也更容易被平台工具操作而转移目标。

其次是关于各行为体的集体行动能力。横向比较在生态系统中受损概率较大的消费者与网约工人:消费者内部属于利益风险共担的合作共赢关系,且集体行动成本是相对较小的,借助互联网社交平台能够形成跨地域、大规模向平台施压的行动;网约工人内部属于竞争替代关系,并且各平台都有等级考核制度作为影响绩效收入的重要因素,更换平台意味着业绩从零开始,集体行动成本是较高的。并且受损的网约工人往往具有地域性,很难形成跨地域的集体行动给平台施压,因此,一旦出现矛盾通常会被安全阀机制转移而吸纳。

综上所述,对于政府监管行为逻辑的成因,存在主观动机与平台客观属性两方面影响因素。

在政府主观动机上,对于平台经济所产生的负面外部性的处理中,安全逻辑是较社会逻辑先行的,从而影响监管主体层级的选择:中央政府优先监管对于国家安全构成风险或挑战的平台型企业,并由于资源和注意力的限制,将部分监管问题的处理权移交给地方政府,地方政府主要负责处理与社会需求回应的相关问题。因此,尽管平台经济的显著特征就是经济活动范围的跨地域性,但在平台监管主体中依然存在地方政府角色。

在平台客观属性方面,平台型企业的新型大数据生产资料、运营模式和技术特性可能会产生非传统的安全风险,这也影响了政府的监管策略,特别是监管注意力分配的次序选择。平台经济内在生态系统为了维持稳定而产生的安全阀机制,能够将一部分与平台间爆发的冲突矛盾转移消解在系统内部,而达到分散社会公众与政府监管注意力的目的;而只有当利益受损者依托结构性地位以及集体行动能力突破安全阀机制时,才更有可能引起社会公众的关注以及地方政府的反应式监管。

同时,平台经济生态系统内部存在安全阀机制的消极影响也应该引起广泛关注。安全阀机制只能转移和引导爆发从而疏解利益受损者的不满情绪,而无法解决产生问题的结构性因素,更无法避免冲突的再次爆发,不利于平台经济的优化更迭以及长期发展。政府对于平台经济的监管是对于平台经济中不当商业行为以及负面外部性的规范整治,有重要的政治、经济以及社会价值。在为所有平台型企业的创新发展提供良好的市场环境时,也应该确保平台企业行为与国家安全利益、社会价值保持一致,才能充分利用政治与社会土壤中的养分,助力我国的平台经济持续健康发展以应对未来数字时代的新变革与挑战。

参考文献

彼得·埃文斯,迪特里希·鲁施迈耶,西达·斯考克波,2009.找回国家[M].方力维,等译.北京:生活·读书·新知三联书店:561.

财新网,2023.滴滴挂牌纽交所,首日高开低走微涨收盘[EB/OL].(2021-07-01)[2023-10-21].https://www.caixin.com/2021-07-01/101734426.html.

蔡朝林,2017.共享经济的兴起与政府监管创新[J].南方经济,(3):99-105.

陈超,游宇,2022.迈向理论导向的个案研究:过程追踪与一致性分析的混合设计[J].公共管理评论,4(4):132-148.

陈龙,2020."数字控制"下的劳动秩序:外卖骑手的劳动控制研究[J].社会学研究,35(6):113-135.

陈龙,2022.两个世界与双重身份:数字经济时代的平台劳动过程与劳动关系[J].社会学研究,(6):81-100.

丁宏,梁洪基,2014.互联网平台企业的竞争发展战略:基于双边市场理论[J].世界经济与政治论坛,(4):118-127.

黄冬娅,杜楠楠,2022.平台企业政府事务部门专门化与政企关系发展:基于国家制度环境的分析[J].社会学研究,(6):59-80.

黄冬娅,梁渊桥,2022.超越审查与监管:互联网产业发展中的国家角色[J].文化纵横,(4):139-147.

李广乾,陶涛,2018.电子商务平台生态化与平台治理政策[J].管理世界,34(6):104-109.

李国杰,程学旗,2012.大数据研究:未来科技及经济社会发展的重大战略领域:大数据的研究现状与科学思考[J].中国科学院院刊,27(6):647-657.

李凌,2015.平台经济发展与政府管制模式变革[J].经济学家,(7):27-34.

李胜蓝,江立华,2020.新型劳动时间控制与虚假自由:外卖骑手的劳动过程研究[J].社会学研究,35(6):91-112.

琳达·维斯,约翰·霍布森,2009.国家与经济发展:一个比较及历时性的分析[M].黄兆辉,廖志强,译.长春:吉林出版集团有限责任公司.

刘鹏,王力,2016.回应性监管理论及其本土适用性分析[J].中国人民大学学报,30(1):

91－101.

刘易斯·科赛,1989.社会冲突的功能[M].孙立平,等译.北京：华夏出版社.

路透社,2020.焦点：美国政府对谷歌提起诉讼继微软案后再度出重拳打击科技垄断[EB/OL].(2020－10－21)[2023－09－21].https：//www.reuters.com/article/us-google-antitrust-lawsuit-1021-idCNKBS276049.

裴长洪,倪江飞,李越,2018.数字经济的政治经济学分析[J].财贸经济,39(9)：5－22.

齐爱民,盘佳.数据权、数据主权的确立与大数据保护的基本原则[J].苏州大学学报(哲学社会科学版),2015,36(1)：64－70.

钱贵明,阳镇,陈劲,2022.平台监管逻辑的反思与重构：兼对包容审慎监管理念的再反思[J].西安交通大学学报(社会科学版),42(1)：131－140.

市场监督管理总局,2021.网络交易监督管理办法：第一章总则第五条[EB/OL].(2021－03－15)[2023－10－21].https：//www.gov.cn/zhengce/zhengceku/2021-03/16/content_5593226.htm.

王璐,李晨阳,2021.平台经济生产过程的政治经济学分析[J].经济学家,(6)：53－61.

肖红军,商慧辰,2022.平台算法监管的逻辑起点与思路创新[J].改革,(8)：38－56.

新京报,2018.温州涉嫌杀害女孩顺风车司机,一月向20余家公司贷款[EB/OL].(2018－08－25)[2023－10－21].http：//finance.sina.com.cn/china/gncj/2018-08-25/doc-ihifuvpf7029398.shtml.

徐晋,张祥建,2006.平台经济学初探[J].中国工业经济,(5)：40－47.

游宇,陈超,2023.案例导向研究的比较技艺：哲学基础与分析路径[J].开放时代,(5)：121－133.

张凌寒,2021.网络平台监管的算法问责制构建[J].东方法学,(3)：22－40.

中国电信网,2021.关于下架"滴滴出行"App的通报[EB/OL].(2021－07－04)[2023－10－21].http：//www.cac.gov.cn/2021-07/04/c_1627016782176163.htm.

中国电信网,2021.网络安全审查办公室关于对"滴滴出行"启动网络安全审查的公告[EB/OL].(2021－07－02)[2023－10－21].http：//www.cac.gov.cn/2021-07/02/c_1626811521011934.htm? ivk_sa=1023197a.

中国网信网,2021.国家互联网信息办公室对滴滴全球股份有限公司依法作出网络安全审查相关行政处罚的决定[EB/OL].(2021－07－21)[2023－10－21].http：//www.cac.gov.cn/2022-07/21/c_1660021534306352.htm? eqid=dbddd119001b323b0000000364887dae.

中国网信网,2021.国家互联网信息办公室关于《网络安全审查办法(修订草案征求意见稿)》公开征求意见的通知[EB/OL].(2021－07－10)[2023－10－21].http：//www.cac.gov.cn/2021-07/10/c_1627503724456684.htm.

曾雄,2022.论我国平台经济反垄断监管模式的转型：基于对回应性规制理论的思考[J].管理学刊,35(1)：1－12.

LIJPHART A, 1971. Comparative politics and the comparative method[J]. American Political Science Review, 65(3)：682－693.

BALDWIN C, HIPPEL EV, 2011. Modeling a paradigm shift ：from producer innovation to user and open collaborative innovation[J]. Organization Science, 22(6): 1399 – 1417.

STOCKMANN D, 2023. Tech companies and the public interest: the role of the state in governing social media platforms[J]. Information, Communication & Society, 26(1): 1 – 15.

EVANS D S, 2010. The web economy, to-sided markets and competition policy[J/OL]. Ssrn Electronic Journal. 10.2139/ssrn.1584363.

AYRES I, BRAITHWAITE J, 1992. Responsive regulation : transcending the deregulation debate[M]. Oxford: Oxford University Press.

KELKAR S, 2018. Engineering a platform: the construction of interfaces, users, organizational roles, and the division of labor[J]. New Media & Society, 20(7): 2629 – 2646.

FEI L, 2023. Regulation under administrative guidance: the case of China's forcing interoperability on digital platforms[J]. Computer Law & Security Review, (48): 105786.

KENNEY M, ZYSMAN J, 2016. The rise of the platform economy[J]. Issues in Science and Technology, 32(3): 61 – 69.

MATTHIAS A, 2004. The responsibility gap: ascribing responsibility for the actions of learning automata[J]. Ethicsand Information Technology, 6(3): 175 – 183.

MAZUR J, M SERAFIN, 2023. Stalling the state: how digital platforms contribute to and profit from delays in the enforcement and adoption of regulations[J]. Comparative Political Studies, 56(1): 101 – 130.

REMINGTON T F, QIAN J, AVDASHEVA S, 2022. Regulating competition in the digital platform economy: Russia and China compared[J]. Problems of Post-Communism, 71(1): 13 – 25.

Sovereignty Security Threats, Platform Security Valve Mechanisms, and National Regulatory Strategies: a Political Economic Analysis of Platform Enterprise Regulation

Chen Chao   Liu Mengge

Abstract: Over the rapid development of China's platform economy in the past two decades, the regulatory authority over platform enterprises initially consolidated within the central government due to the cross-regional circulation nature and high market concentration of the platform economy. However, as platform regulation enters a new normal, a tendency and trend towards decentralization to local authorities has emerged. Why does the government choose direct supervision by central government departments for some platform enterprises, while opting to delegate regulatory responsibilities to local governments for others? This paper explains the hierarchical choices and attention allocation logic of the government in platform economic regulation based on two factors: whether there is a sovereignty security threat and whether the security valve mechanism is effective. The study adopts a research approach that combines cross-case comparative analysis with within-case comparative analysis, aiming to clarify the existing impacts of the platform economic model on power structures and social relations, and further explore the interactive logic between the government and platforms.

Key words: platform enterprises; government regulation; national security; platform security valve

牵一发而动全身：社区减负改革"软约束"的多重逻辑

——基于 A 市的案例研究[*]

牵一发而动全身：社区减负改革"软约束"的多重逻辑

——基于 A 市的案例研究 *

付建军**

摘 要：社区减负是基层治理研究的经典议题。本文通过对 A 市社区行政事务准入清单制度的考察，发现市、区和街道三级改革主体在居委会减负改革中均存在着"完成任务"的行动策略，设计的减负方案保障机制缺乏可操作性，在运行中面临"软约束"困境。通过搭建面向改革情境的结构—行动者分析框架，对 A 市案例进行分析，发现社区减负制度"软约束"困境的产生包括四重逻辑：一是社区减负改革高难度—弱激励的议题属性逻辑；二是由此形成的改革主体在主观上的"弱激励"动力逻辑；三是改革主体在客观上的"弱势部门"能力逻辑；四是减负改革受到同期其他改革"排斥"的时机逻辑。四重逻辑叠加在一起，导致社区减负改革陷入一种有组织的形式主义中。社区减负"软约束"现象表明基层治理的创新效能与议题属性、创新主体的能动性高度相关，具有高难度和弱激励特征的基层治理问题需要更权威主体的充分介入才能够实现制度的有效供给。

---

* 本文系国家社科基金青年项目"城市基层公共服务数字化供给过程中的应用场景建设模式及其优化研究"阶段性成果。

** 付建军（1991— ），男，华东政法大学政府管理学院副教授，研究方向为公众参与、居民自治、协商民主、政府创新，Email：jianjundongxian@126.com。

关键词：社区减负；结构—行动者；制度环境；多重逻辑

一、问题的提出

"任何一种给定政体的稳定都依赖于政治参与程度和政治制度化程度之间的相互关系。"（亨廷顿，2008）要提高治理的稳定性，就需要通过构筑制度化的政治程序实现有序的政治参与。社区是国家构筑政治程序的核心空间，通过社区治理的制度化建设实现有序的政治参与，成为改革开放后国家提高基础性权力的重要工作（Bray，2006）。这一工作建立在居委会双重代理逻辑有机平衡的基础上，即居委会在强化政策执行能力的同时兼具"适应性治理"能力（Heilmann and Perry，2011）。然而，现实中居委会的双重代理逻辑明显处在失衡当中。城市治理的发展使居委会的行政化倾向逐步加剧（朱健刚，2010）。虽然行政化倾向提升了居委会的政策执行能力，但日益增加的行政事务则使其无法集中精力组织开展居民自治（桂勇、崔之余，2000），从而丧失了部分社会引领能力。由此，社区减负成为城市基层治理改革的一项重要议题。

自20世纪90年代社区减负改革启动以来，改革方案不断更新，但社区减负目标并未有实质性进展（麦佩清，2020）。居委会行政化和负担过重问题甚至被认为愈演愈烈（孙柏瑛，2016）。现有研究表明，历次改革方案在运行过程中都遭遇了一些挑战。譬如，居站分设改革使工作站和居委会的矛盾被激化，购买服务中的专业逻辑被综合治理逻辑所取代（陈家建，2019）。撤销街道办改革则面临着体制内人员安置与治理体系不兼容的新问题（李媛媛、王泽，2018）。在此背景下，社区减负呈现出周期性启动的特征，但减负效果始终未有明显突破，甚至在社区干部眼中，社区减负已经是个"伪命题"。为什么在各方都高度关注社区减负的背景下，减负效果依然不佳？本文尝试对这一问题进行回答。与以往研究侧重于解释负担形成的结构和制度因素不同，本文尝试把研究聚焦于社区减负出台的具体制度上，分析减负制度的运行机理。通过对A市社区减负制度的案例分析，讨论社区减负制度软约束现象的形成逻辑，在此基础上为理解社区减负现象提供一个补充性的解释。

二、文 献 回 顾

为何会出现社区减负问题？社区减负为何面临越减负担越重的问题？归纳起来，理论界的讨论主要形成了结构和行动者两种分析视角。结构视角强调制度结构对社区减负改革的约束作用，可具体分为正式结构和非正式结构两种研究路径。

在正式结构研究路径下，相关文献的核心主张是在现有压力型制度环境下，社区减负是个伪命题。一些学者指出因为居委会虽然在法律上属于基层群众自治组织，但事实上的"行政化"身份使其减负改革缺乏现实基础（Heberer and Göbel，2011），以追求组织纯度为目标的减负改革本身可能具有局限性（刘太刚、刘开君，2017）。还有学者指出社区负担的主要成因是"职责同构"（朱光磊、黄雅卓，2024）。一些学者从历史发展角度指出近代以来中国国家权力实现基层治理的官僚化和正规化是基本趋势（周庆智，2015），减负改革无法突破现有制度惯性（胡威、唐醒，2021）。

在非正式结构研究路径下，现有文献主要考查了非正式制度因素的作用。一些研究指出目前几轮改革仅仅体现在正式制度安排上，改革方案并没有考虑领导批示和打招呼等非正式因素的影响（王猛、乔海彬、王杨，2016）。还有研究发现对社会环境的回应也构成了基层的一种负担，这种外部负担经过激励失灵机制又进一步转化为内部负担（栗伊萱、刘文璋，2022）。总之，无论是正式结构还是非正式结构路径，研究共性是认为社区减负改革难度较大。

行动者视角主要考查政府部门、居委会和居民等组织和个体行动者对社区减负改革的影响。目前对行动者的系统讨论主要集中在行政部门和居委会两个层面。

在行政部门层面，现有研究对行政部门在社区减负中发挥的作用存在认识上的分歧。一种观点认为,行政部门推动的减负改革发挥了作用。譬如,有研究发现上级政府推动的摘牌可以促进减负,其背后包含着丰富的组织符号逻辑(曹志立,2023)。但也有一些研究指出行政部门在其中扮演着消极的角色。譬如,有研究就发现上级政府推动的基层减负不仅没有强化基层治理能力,反而增加了其负担(张长东、夏江浩,2024)。

在居委会层面,一些研究发现居委会作为行动者在既有结构下并非只能被动消极应对,而是可以通过"逃避""抗争""转代理"(陈伟东、余坤明,2005)、选择性应付(杨爱平、余雁鸿,2012)和梯度治理(王德福,2019)等能动性策略来应对上级压力。这种能动性类似于斯科特提出的"弱者的武器"。从这个角度看,所谓的居委会负担重可能是被居委会主观建构出来的。对此,有学者指出减负改革需要区分主动建构和结构客观赋予两种负担情形(侯利文,2017)。研究表明,在特定改革实践(居站分设)中,居委会对减负改革的认知具有矛盾性,一方面居委会对减负改革表现出较强的认同,另一方面也对因改革而丧失治理权威和权力表现出消极性,甚至排斥改革(吴永红、梁波,2017)。

除了居委会,一些研究也对政府部门和居民两类行动者进行了零星的讨论。譬如,有学者就指出中央提出的居民自治目标被地方推进的居委会公共管理职能和专业服务体系建设所替代,居民自治建设空间被压缩,减负缺乏可操作性(郭伟和,2018)。还有学者指出城市基层政权的改革内容越发表现出柔性和隐蔽性特征(Heberer,2009)。在居民层面,有学者指出通过减负推进居民自治的思路存在问题,因为即使减负改革成功了,现实中居民仍然缺乏参与自治的意愿、动力和能力,因此改革的关键不是减负,而是增能居民(袁方成,2019)。

以上研究为我们理解社区减负问题奠定了基础,尤其是从居委会这一"当事人"视角开展的研究为我们展现了减负改革的复杂性,但关于社区减负改革仍有进一步讨论的空间。

虽然结构视角的解释穿透力较强,但从这个视角理解社区减负还存在几个有待深入讨论的问题。其一,现有关于结构对改革的影响偏重宏观制度分析,缺乏中观和微观的分析。由此带来的问题是,虽然结构对社区减负的影响确实存在,但结构在实践中到底如何影响减负这个问题还是个"黑箱"。其二,现有讨论没有回答在当前制度结构下,社区减负具有何种特殊性。由此带来的问题是,社区减负无法与其他基层治理改革进行横向比较,知识生产受到限制。

行动者视角从中观和微观角度为理解社区减负改革提供了可能,但也可以进行补充。其一,目前的行动者视角重心集中在居委会,行政部门作为行动者的行动逻辑并没有得到充分展现,行政部门的分析缺位不得而知,对减负改革的分析只能停留在改革效果的评估上,而无法深究社区减负制度的形成过程。其二,虽然有文献触及政府和社区两个主体,但政府内部的冲突和张力对社区减负的影响并没有被揭示出来。

以上问题为本文进一步讨论社区减负问题提供了空间和目标。对已有研究的梳理和回顾,表明对社区减负问题的分析不能停留在宏观性的制度分析和微观性的改革受益者分析层面,而应该聚焦于社区减负制度的建立者,从负责社区减负事务的行政部门角度出发,实现宏观结构与微观过程的有机连接,即在结构—行动者互动的框架中,进一步突出改革情境因素的作用,在此基础上更为全面地展现社区减负制度运行的内在机理。

三、分析框架与研究方法

（一）面向改革情境的结构—行动者：一个初步的分析框架

从既有研究看,结构—行动者视角为我们理解居委会减负改革问题提供了较多的研究灵感。本文在分析居委会减负改革问题时,将继续运用结构—行动者这一分析框架,但在分析中将对结构和行动者的分析维度进行拓展。

应当说,在现有制度环境下,居委会减负是一项系统性工程,减负几乎涉及政府各个部门。与其他基层治理改革议题相比,居委会减负改革给各层级政府带来的变动效应可谓"牵一发而动全身"。此外,居委会减负改革属于典型的存量改革而非增量改革,改革面临的压力和阻力更为明显。这一改革场景的特殊性需要在分析居委会减负改革中得到强调和凸显。为此,我们提出突出场景特征的结构—行动者分析框架,这一框架的补充和发展之处集中在三个方面。

其一,在突出场景的结构—行动者框架中,分析的主体是作为改革主体的 A 市多层级政府。可以说,当前中国社会治理创新虽然有社会组织介入,但核心主体是政府组织,创新呈现出政府柔性引导的特征(Jing and Gong, 2012)。具体来说,本文将重点分析在更权威主体发出改革信号后,A 市从市到区再到街道多层级改革主体如何回应改革信号、建构改革议程、形成改革方案。由此,地方多层级主体互动对改革方案形成的影响将成为过程追踪的主要内容。

其二,在制度结构之下拓展出场景的两个次级结构形态,即议题属性结构和改革时机结构。中国制度结构的一般性特征已经被充分讨论,但制度结构的一般性特征如何影响居委会减负改革并未被充分揭示出来。为此,借助有关中国科层制的讨论,本文在制度结构之下拓展出两种新的结构类型。一是改革议题属性结构。所谓改革议题属性,即改革所面临的问题属性。在中国制度环境下,改革议题的属性可通过对改革主体形成的价值、激励和风险效应进行识别和分析。二是改革时机结构。制度结构仅仅提供了一种宏观性和静态化的制度环境,但制度环境对改革的影响则通过一定阶段性环境来实现。这一环境构成了改革所处的"时机"。本文把这个"时机"称为改革环境。显然,"时机"不对,改革的协调和运行成本就会变大,这意味着改革与外部环境的兼容性可能较差。

其三,行动者在议题属性和改革时机之下具有复杂能动性。目前的讨论更强调居委会主体在改革中的积极能动性,但忽视了作为改革主体的多层级政府在既有结构之下如何建构改革方案。本文认为,改革主体在议题属性和改革时机之下既可能具有策略性,也可能面临能力不足的问题。借鉴组织制度主义理论,本文对改革主体的能动性进行了拓展,将改革主体在议题属性和改革时机约束下的能动性拓展为主观能动性(动力)和客观能动性(能力),两种能动性会进一步塑造改革方案的议题属性和出台时间。

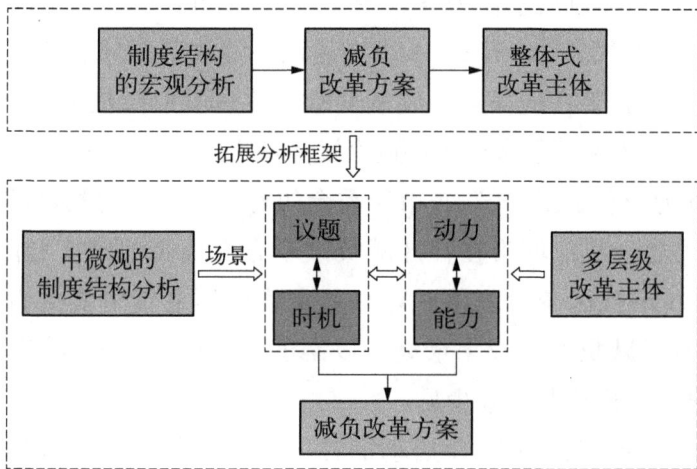

图1 居委会减负改革方案生成的分析框架

在突出场景的基础上，我们实际上构建了一个接近"多重制度逻辑"①、"制度与生活"（肖瑛，2014）等理论模型的结构—行动者分析框架，主要考察在议题属性和改革时机之下，多层级改革主体建构改革方案的内在机理。结构和能动性的互动决定了居委会减负改革方案的形成包含着多重逻辑。

（二）研究方法

本文将主要运用案例研究方法来透视社区减负改革的多重逻辑。这一议题属于"怎么样"和"为什么"类型的问题，因为要回答上述问题，就"需要按时间顺序追溯相互关联的各种事件"，适合的方法当属案例研究方法（殷，2010）。据此，本文将以具体的改革实践为分析蓝本，以观察特定政府部门的具体行为为中心来呈现社区减负改革方案的形成过程与逻辑。

本文选取 A 市 2015 年启动的社区准入清单制度改革作为案例研究的分析对象，本次减负改革的核心内容是在居委会层面建立居委会依法协助

---

① 较早从多重逻辑分析基层治理创新与改革的研究是周雪光和艾云对乡镇选举制度变迁的案例研究，参见周雪光,艾云,2010.多重逻辑下的制度变迁：一个分析框架[J].中国社会科学，(4)：132-150。此后，越来越多的研究开始使用多重制度逻辑分析路径来理解基层治理现象，譬如狄金华(2019)对农地确权政策执行的分析、王印红和朱玉洁对基层政府"逆扁平化"组织扩张现象的解释等均使用了此类分析路径。

行政事项准入清单制度。作为案例研究对象，A市在社区减负改革问题上具有三个方面的代表性。首先，A市在居民自治改革领域始终在全国层面具有一定影响力，曾在居民自治领域创造过"纵向到底、横向到边"的改革模式，曾是民政部社区服务改革的两个试点城市之一。其次，A市居民自治的改革被称为"行政化模式"，A市居委会的行政化水平也相对较高。这意味着A市较之于其他城市在社区减负改革方面面临的难度和阻力更大。因此，观察A市社区减负改革对理解其实践运作逻辑可能更为贴切。最后，A市的社区减负改革成果最终得以制度化，以地方条例的形式呈现出来。这在全国范围内都比较少见。

资料方面，A市自2014年启动的社区减负改革一直延续到2023年。笔者在研究过程中，较为完整地亲历了这次长达十年的社区减负改革，对负责减负方案设计的A市民政局分管领导、各个区民政局分管领导、部分街镇分管领导以及若干社区干部开展了多次半结构访谈和焦点小组讨论，开展的时间主要集中在2017年5—9月、2019年4—5月、2020年7—9月和2023年4—6月。基于学术伦理原则，文中涉及的相关利益主体的称谓都经过了匿名处理。

四、社区减负制度的构成与"软约束"困境

（一）以准入清单为核心的社区减负制度

2014年，A市发布了《关于进一步创新社会治理加强基层建设的意见》。这份文件提出了社区居委会"减负增能"的改革目标，并提出了减负的三种路径，即建立居委会依法协助行政事项清单，建立居民区工作事项准入机制，减少和规范居委会台账。

在这个背景下，2014年底A市民政局正式启动了新一轮以建立社区准入清单制度为核心的社区减负议程。A市民政局用一年时间编制了准入清单，在这个过程中经历了调研、论证和听取意见等过程，并于2015年底出台

了《关于规范管理本市居委会和村委会协助行政事务的指导意见》。2019年,中央提出了减负年。在此背景下,2021年,A市对居村委会协助行政事务清单进行了调整。2023年5月,A市再次启动了全市范围内的居村委会减负工作,制度构成和2015年的减负改革并无区别,仍然以准入清单为核心,同时建立证明清单和清理台账。

所谓社区事务准入清单,是指条线部门对自己在日常工作需要社区协助的行政事项进行梳理,列明事项内容和法律依据,不在事项清单中的行政事项需要经社区准入把关机制才能下沉到社区。A市民政局对不在依法协助行政事项清单中的事项如何下沉进行了规定。一方面,不在依法协助行政事项清单中的事务,居委会可以拒绝执行;另一方面,行政部门可根据需要,并通过准入把关机制实现非依法协助行政事项下沉到居委会。因此,从制度的构成要件看,准入把关机制无疑是社区事务准入清单制度有效运行的核心。

按照规定,各行政部门和居委会可参考此清单进行事务下放和具体承接。为了提高准入清单的约束性,A市还实施了两项措施。一是在社区减负过程中,市、区两级都设立了若干社区减负监测点,居委会在日常运行过程中如果碰到需要完成清单之外的条线事项,可以向市、区两级政府"举手"。二是与市、区两级的纪委监委进行合作,对于一些典型案例,由纪委监委出面进行约谈处理。

（二）社区减负制度的"软约束"困境

"制度为一个共同体所共有,并总是依靠某种惩罚而得以贯彻。没有惩罚的制度是无用的。"（柯武钢、史漫飞,2000）这个判断用来理解社区减负改革的运行现状尤为贴切。因为社区减负改革是一项限制其他行政部门行为的议题,需要改革主体为新制度匹配强有力的保障机制。从A市建立的保障机制看,建立的把关机制和监测点在实际运行中都面临着"软约束"挑战。

其一,把关机制难以产生硬约束。把关机制虽然以社区减负联席会议的组织形式运行,但牵头部门是市、区两级民政局,在实际运行过程中主要碰到两类问题：一是很多部门直接绕开把关平台，直接将相关事项下发给街镇村居；二是部分部门通过电话等非正式的方式直接分派临时性任务。下面是我们访谈 X 区民政局分管领导的一段话，从这段话就可以看出把关机制面临的挑战。

> "我们区的话，把关机制以前在地区办，这次落在我们民政，说实话，这个也就是先建起来，民政来牵头做把关，其实挑战是很大的。主要是因为很多工作别人不找你商量，你对别人也没有考核权。实际上我们感觉无论是市还是区一级，把关放在党政办公室是合适的，无论从统筹能力还是信息量的角度来说都更有利于把关。"（20230512XQ）

其二，居委会并不愿意使用减负评价反馈机制。使用减负评价反馈机制意味着将上级分摊的任务公开化，相关部门将受到"关注"。在这些"小巷总理"看来，"举手"无异于打上级政府和部门的小报告。一方面，居委会和街镇之间实际上是领导和被领导关系，街镇分派给居委会的事情居委会只能执行；另一方面，针对条线部门的事项"举手"也不符合现实，因为居委会的很多创建和项目与条线部门高度相关。调研发现，只有一种情况下居委会敢于"举手"，即居委会书记是选调生兼任的。但选调生兼任居委会书记的情况相对较少。

其三，纪委监委约谈的频率不高。因为很多行政事项虽然增加了居委会的工作量，但从政府整体工作的角度来说，这些行政事项都具有一定的合理性，甚至对社区开展工作也有一定的帮助。在调研中，针对街镇提出的类似问题，市民政局副局长也坦言需要从"大局"出发。

> "这就是局部和全部的看法，领导基本上都是从全局思考的，我们的具体工作都是从局部来考虑，我们都没错，但是有的时候大家都需要换个思考角度。"（20230509SM）

譬如，虽然在 A 市有文件规定社区实有人口的数据采集由综治部门负责，但在实际操作过程中很多采集工作变成了居委会的工作，虽然是额外工作量，但采集实有人口数据对居委会更有效地开展社区工作是有利的。

五、社区减负制度"软约束"的多重生成逻辑

（一）高难度—弱激励：减负制度软约束的议题逻辑

与增量改革不同，社区减负改革属于典型的存量改革。其在难度和激励两个方面对改革主体难以形成内生性制度变迁动力，改革议程的启动只能依赖于外部压力。

在难度方面，社区减负是高度复杂问题，可能引发改革主体与其他部门的冲突。具体来说，社区减负目标的实现需要政府内部各个部门通力配合。减负改革目标的实现建立在每个行政部门都建立起行动规范、不任意向居委会摊派行政事务的基础上。这意味着改革的有效执行可能会增加相关部门的运行成本，降低其治理灵活性。从这个角度来说，社区减负改革与政府各个部门（包括民政部门自身）都具有明显的不兼容性，尤其是在划定行政事项边界的过程中容易产生部门摩擦问题。在中国制度环境下，作为改革主体的行政部门往往通过非正式机制来"规避风险"，但这种非正式协调机制启动的前提是冲突方比较单一（何艳玲、汪广龙，2012）。而社区减负改革情境的特殊性在于，协调的对象涉及整个政府部门，这就决定了协调难以通过非正式机制进行，但通过正式机制进行协调又面临着冲突公开化的风险。

在激励方面，社区减负改革作为城市基层治理的传统改革议题，早期的社区减负改革虽然创造了一些具有较大影响力的经验，但对于后加入的改革主体而言，已经是社会治理创新领域的"红海"，通过推进社区减负改革塑造新减负模式的空间较为有限。虽然有上级政府的改革信号指引，但改革主体只能在更窄的空间中塑造改革"亮点"（狄金华，2019）。这意味着社区减负改革对于改革主体来说缺乏吸引力，"跟风"和"争中"而非"争先式"

创新的发生概率更高(章高荣,2017)。

(二)跟进者:社区减负改革软约束的动力逻辑

从 A 市改革的启动时间看,A 市出台《关于规范管理本市居委会和村委会协助行政事务的指导意见》的时间是 2015 年底,民政部和中组部出台《关于进一步开展社区减负工作的通知》的时间是 2015 年 7 月 13 日。从时间上来看,A 市响应改革的效率较高,但全国层面新一轮社区减负工作从 2009 年就开始启动①,A 市推进改革的进程明显晚于其他城市。因此,A 市民政局开展的减负改革实践在横向层面并不具有首创意义,属于"跟进者"而非"领先者"。

"跟进者"极有可能遵循合法性逻辑而非效率逻辑(Tolbert and Zucker,1983)。对于 A 市民政局来说,在社区减负改革上寻找亮点获得收益的空间并不大。一方面,诸如南京市和太仓市等邻居城市已经在社区减负改革问题上形成了具有全国影响力的创新经验。另一方面,民政部在文件中已经明确了社区减负改革的模式,框定了改革的具体内容,这意味着在指导方案的基础上进行再创新的空间并不大。从 A 市长达十年的改革成效来看,社区准入清单制度和证明清单的内容被反复更新,但形式没有发生根本改变。这实际上表明从市级改革主体开始,社区减负改革就缺乏"争先"动力。在合法性逻辑之下,按照中央文件建立相关制度就成为改革的主要工作,"制度同形"随之产生。在 A 市内部,各个区实际上也遵循着合法性逻辑,在规定期限内完成改革任务成为区级牵头部门的主要目标。

不同区级政府的牵头部门在推进社区减负过程中还需要塑造自己的创新成果,进而在一定程度上分散了本就有限的"注意力资源"。譬如,H 区在落实市级改革议程的同时,正在抓紧推进极具本区特色的"全岗通"制度

---

① 2019 年民政部发布了《关于进一步推进和谐社区建设工作的意见》,该文件首次提出在社区建立"社区公共服务事项准入制度,凡属于城乡基层政府及其职能部门职责范围内的事项,不得转嫁给村(居)委会"。2010 年,中共中央办公厅和国务院办公厅发布的《关于加强和改进城市社区居民委员会建设工作的意见》再次提出"要普遍推行社区公共服务事项准入制度,凡属于基层人民政府及其职能部门、街道办事处职责范围内的事项,不得转嫁给社区居民委员会"。

建设,牵头部门科室的主要精力都放在了全岗通制度建设上,对社区准入清单制度改革投入的精力仅仅停留在完成"规定工作"层面。比较而言,由于市级改革主体在改革议程中明确了区级部门是落实政策的主体,区级牵头部门确实承担了大量从无到有的"规定工作",街镇在社区减负制度建设中改革动力最薄弱,主要采取"复制"策略。

（三）弱势部门：社区减负改革软约束的能力逻辑

事实上,民政部门也非常清楚自身在社区减负改革中的弱势地位。市民政局某领导曾指出,一直和其他部门就社区减负进行沟通,很多沟通都没有结果,最后其他部门都不再参与社区减负的沟通。作为落实社区减负制度的区级民政部门面临的完成任务和弱势地位的冲突更为明显,因为这一部门面临着来自市民政部门和区政府的双重压力。在此背景下,大部分区级民政部门主要以市民政的制度作为蓝本,高度同步进行社区减负。譬如,F区负责减负工作的某领导就指出,"减负这个事情不是我们一个区民政能解决的,也不是一个区能解决的,市里不动,我们肯定不会动"(202300612FX)。在他看来,虽然社区减负出具了权责清单,但主要是将可收可不收的事项列入,真正重要的事项相关部门依然会让社区配合开展行动。更重要的是,对于相关部门明显违背改革内容的做法,民政部门无权处置,导致社区减负制度"名实分离"。

（四）改革协同性差：社区减负改革软约束的时机逻辑

动力逻辑和能力逻辑实际上都和社区减负的高难度—弱激励议题逻辑相关,上述三种逻辑在很大程度上决定了社区减负制度的内生性困境。但根据笔者对A市减负改革实践的观察,除了内生性困境,社区减负还面临着明显的外生性困境,即社区减负与同时段开展的其他改革之间缺乏协同性,甚至存在不兼容和相互冲突的问题。

在市级改革主体开展的改革方面,A市民政局在启动社区事务准入清单制度改革时,恰逢该市启动创新社会治理改革。根据A市相关文件规定,创新社会治理的一个重要内容是取消街道招商引资功能,将街道的功能聚焦到公共安全、公共服务和公共管理三个职能上来，由此带来的结果是深远的。

首先，街镇承担了比以往更多的治理任务和压力。在改革中，A市街道在内部机构设置上开展了大刀阔斧式的改革，将原有的科室整合为8个部门，其主要目的是承接社会治理重心下移的事项。在治理任务急剧增加的背景下，街居共同体的黏合性得到了进一步固化。为了提高街居共同体的紧密水平，A市在本轮改革中重点解决了居委会书记的编制问题，居委会作为基层群众自治组织的属性特征日益淡化。此外，诸如派出所、城管、绿化市容等原来条上的部门经过改革全部改为属地管理，成为街镇内设机构。这些部门的日常治理任务较重，在成为街镇机构后，很多工作开始成为居委会"协助"事项。应当说，街道职能改革确实顺应了治理重心下移这一改革趋势，但也必须承认此项改革压缩了社区减负改革的作用空间，很多居委会干部提出虽然职责实现了下沉，但权力并未跟着走，权责不对称成为与社区减负改革困境并存的一个普遍性问题。

其次，街镇职能的变化也改变了街居考核方式。本轮A市改革的一个重要目标就是取消街镇的经济发展职能，社会治理的重要性得到前所未有的凸显。由此带来的结果是，针对街居的考核日益模糊化，因为在具备经济发展职能时还能够以经济发展水平来进行相对清晰的考核，取消经济发展职能后就只能采取相对模糊的考核方式，因为社会治理本身就具有模糊性，好的社会治理难以通过清晰的数据进行量化分析（付建军，2018）。模糊考核带来的结果是，街道层面开展了大量示范创建活动，开展这些活动的任务基本上都转嫁到了居委会的身上。笔者在H区多个居委会走访的过程中，发现很多居委会干部都反映"1+6"改革后承担的事项尤其是活动类事项明显增加了，很多事项因为涉及评比和后期的资源配套，居委会不得不投入大量的人力、物力参与进来。

最后，部分部门通过技术治理将触角隐性地下沉到居委会。笔者在开展田野观察时发现，一些在改革前没有在居委会设置站点的相关部门和群团组织，也在改革过程中将工作阵地下沉到居委会。值得注意的是，这种下沉往往带有隐蔽性，因为下沉基本上都借助技术手段，将部门的工作端口接入居委会工作系统，主要目的是让居委会负责采集或者更新相关数据。譬如，笔者在 J 街道多个居委会走访时，居委会干部就提出在此次减负改革中，团市委将社区青年人的统计工作直接下沉到了街道的信息平台上，街道则通过端口共享将居委会纳入统计工作中来。在这个过程中，统计工作的下沉与团市委开展的"智慧青年社区平台"建设绑定在一起。这表明在技术治理背景下，一些行政部门通过技术治理的隐性机制实现了职能下沉，"技术官僚主义"正在显现，但显然这种技术治理并不符合减负改革精神。

总之，减负改革的场景结构对多层级的改革主体产生了诱导作用，导致三级改革主体在主观能动性上呈现出"弱动力"的行动倾向，且改革主体对自身客观能力的认知也不足以促使其承担改革的创新任务。由此，通过制度同构"完成任务"成为改革主线，因此而建立的两种保障机制缺乏可操作性。在改革环境结构排斥效应的作用下，社区准入清单制度的"软约束"挑战最终生成。

六、结　语

社区减负制度软约束问题的存在，从一个侧面反映出社区减负属于"牵一发而动全身"类议题，这一特征决定了改革要实现目标就需要建立硬约束的保障机制，但社区减负的议题属性和改革时机决定了减负保障机制会陷入形式主义的泥淖中。当然，保障机制的形式主义对于制度供给主体来说可能会带来不作为或不积极的问责风险，但是在社区减负议题中并不明显，理由有三。其一，社区减负改革的切实推进涉及整个科层体系工作内容的调整，不仅工作量大，而且容易产生部门摩擦。这是客观现实，能够被身处政府治理体系中的领导者所理解。其二，现实中所有行政部门都无法离开居委会组织而单独开展工作，即使对于作为改革主体的民政部门而言也是如此，如何减负仍然是一个模糊问题，在此背景下改革主体的"完成任务"策略也不会招致问责。其三，从田野观察看，作为承压方，居委会也不会主动将负担过重问题"公之于众"，改革效果的好坏没有一个清晰的评价机制。社区减负制度"软约束"的多重生成逻辑这一现实决定了沿用传统的"中央赋权—地方创新—中央吸收推广"路径可能无法有效实现减负目标。要有效推进社区减负改革,就需要坚持系统改革与集成创新的思路,对社区减负进行整体布局。

在更一般的意义上,本文的研究发现也对理解当前基层治理创新模式提供了新的补充。伴随着社会治理重心下移,基层治理涌现出大量改革创新实践,部分改革创新实践确实解决了治理中的现实问题,但也必须承认还有很多改革创新实践陷入了形式主义的泥淖之中,尤其是具有高难度、弱激励特点的基层治理问题往往更容易陷入形式主义创新当中。原因可能有二:一是解决问题可能会诱发部门冲突;二是解决问题涉及基层治理体制的重大变革。这两个因素导致通过改革创新解决问题并无明显收益,且存在明显风险,基层政府并无充分动力和能力介入此类治理问题当中。正是在这个背景下,可以看到基层治理创新才日益走向技术化和活动化,制度和管理层面的创新越来越少,基层治理创新的内卷化日益严重。A市社区减负改革这一案例表明基层治理创新难以通过自下而上的创新机制来解决具有高难度—弱激励特征的基层治理问题。现实中,自下而上的创新机制主要表现为试点—推广和基层突破两种模式。这两种模式可能更适合于低风险—强激励类议题,即诱发基层政权创造出更多解决方案。据此,解决高难度—弱激励类治理问题,可能更需要顶层设计模式,通过更权威主体的介入,实现政府内注意力分配机制的高度集中,确保改革方案保障机制形成硬约束效应。

参考文献

曹志立,2023."摘牌"何以促减负:基层形式主义整治的组织符号逻辑:基于Y市社区清理挂牌的实践考察[J].中国行政管理,(3):88-94.

陈家建,赵阳,2019."低治理权"与基层购买公共服务困境研究[J].社会学研究,(1):132-155,244-245.

陈伟东,余坤明,2005."转代理":转型期低收入社区居委会自我"减负"的行为模式:武汉市X社区"门栋自治"的背后[J].社会主义研究,(4):86-90,101.

狄金华,2019.改革在途:地方政府的社会治理创新及其扩散[M].北京:社会科学文献出版社:104.

付建军,2018.当代中国社会治理创新的发生机制与内在张力：兼论社会治理创新的技术治理逻辑[J].当代世界与社会主义,(6)：181-190.

桂勇,崔之余,2000.政化进程中的城市居委会体制变迁：对上海市的个案研究[J].华中理工大学学报(社会科学版),(3)：1-5.

郭伟和,2018.基层社会治理的双重背离现象及其探源[J].浙江工商大学学报,(1)：97-106.

何艳玲,汪广龙,2012.不可退出的谈判：对中国科层组织"有效治理"现象的一种解释[J].管理世界,(12)：61-72.

亨廷顿,2008.变化社会中的政治秩序[M].王冠华,刘为,等译.上海：上海人民出版社：60.

侯利文,2017.被围困的居委：基层社会治理中的组织、社会与国家：基于宜街的实证调查[J].公共行政评论,(6)：207-208.

胡威,唐醒,2021.我国基层会议减负效果的实证研究：基于A省780名社区党支部书记的调查[J].中国行政管理,(1)：85-90.

柯武钢,史漫飞,2000.制度经济学：社会秩序与公共政策[M].韩朝华,译.北京：商务印书馆：32.

栗伊萱,刘文璋,2022.乡镇政府负担生成的三重机制：一个组织学的解释框架[J].公共管理与政策评论,(6)：111-125.

李媛媛,王泽,2018."一社一居"抑或"一社多居"：撤销街道办改革的模式选择：基于安徽铜陵和贵州贵阳街居制改革试点的比较[J].学习与探索,(5)：49-57.

练宏,2016.注意力竞争：基于参与观察与多案例的组织学分析[J].社会学研究,(3)：1-26,242.

刘太刚,刘开君,2017.居委会"去行政化"错误理论误导下的骑士战风车：基于需求溢出理论的广义社会组织论的逻辑[J].北京师范大学学报(社会科学版),(3)：118-125.

麦佩清,2020."基层减负年"减负了吗?：基于某直辖市A区259个社区的调研[J].公共管理评论,(3)：111-121.

孙柏瑛,2016.城市社区居委会"去行政化"何以可能?[J].南京社会科学,(7)：51-58.

王德福,2019.社区行政化与街居治理共同体[J].行政论坛,(6)：84-89.

王猛,乔海彬,王杨,2016.非制度性约束与行政化传导：分析社区行政化的一个理论解释框架：基于无锡市A社区的个案[J].云南行政学院学报,(2)：130-136.

吴永红,梁波,2017.制度结构、非均衡依赖与基层治理困境的再生产：以社区减负悖论为例[J].甘肃行政学院学报,(4)：52-60,128-129.

肖瑛,2014.从"国家与社会"到"制度与生活"：中国社会变迁研究的视角转换[J].中国社会科学,(9)：88-104,204-205.

杨爱平,余雁鸿,2012.选择性应付：社区居委会行动逻辑的组织分析：以G市L社区为例[J].社会学研究,(4)：105-126,243-244.

殷R K,2010.案例研究：设计与方法[M].周海涛,李永贤,李虔,译.重庆：重庆大学出版社：11.

袁方成,2019.增能居民：社区参与的主体性逻辑与行动路径[J].行政论坛,(1)：80-85.

张长东,夏江浩,2024.国家建构视角下基层负担过重的结构性困境:理论与个案分析[J].华中师范大学学报(人文社会科学版),(1):11-22.

章高荣,2017.高风险弱激励型政策创新扩散机制研究:以省级政府社会组织双重管理体制改革为例[J].公共管理学报,(4):1-15,153.

周庆智,2015.在政府与社会之间:基层治理诸问题研究[M].北京:中国社会科学出版社:8.

朱光磊,黄雅卓,2024:从"职责同构"到政府职责体系:基层负担过重现象的生成与破解[J].中国行政管理,(4):6-15.

朱健刚,2010.国与家之间:上海邻里的市民团体与社区运动的民族志[M].北京:社会科学文献出版社:81.

BRAY D, 2006. Building "community": new strategies of governance in urban China[J]. Economy and Society, 35(4):530-549.

HEBERER T, 2009. Evolvement of citizenship in urban china or authoritarian communitarianism? Neighborhood development, community participation, and autonomy [J]. Journal of Contemporary China, 18(61):491-515.

HEBERER T, GÖBEL C, 2011. The politics of community building in urban China[M]. London:Routledge:36.

HEILMANN S, PERRY E J, 2011. Embracing uncertainty:guerrilla policy style and adaptive governance in China [M]//HEILMANN S, PERRY E J. Mao's invisible hand:the foundations of adaptive governance in China. Cambridge:Harvard University Press:8-12.

JING Y J, GONG T, 2012. Managed social innovation:the case of government-sponsored venture philanthropy in Shanghai[J]. Australian Journal of Public Administration, 71(2):233-245.

TOLBERT P S, ZUCKER L G, 1983. Institutional sources of change in the formal structure of organizations:the diffusion of civil service reform[J]. Administrative Science Quarterly, 28(1):22-39.

Pull One Hair and the Whole Body is Affected: the Multiple Logic of 'Soft Constraints' in the Community's Burden Reduction Reform
—— A Case Study of City

Fu Jianjun

Abstract: Community burden reduction reform(CBRR) is a classic topic in the urban community building research. By tracking the process of the Reform of the Access List System of Community Administrative Affairs in City A, it is found that the three-level reform subjects all had an action strategy of 'completing the task', and the designed protection mechanism of the burden reduction plan lacks operability, which brought 'soft constraints' in operation, and the reform is difficult to achieve finally. Using the new structure-actor analysis framework which emphasizes scenario-environmental element of the reform, the four-fold logic is extracted. The first is the attribute logic of the high-risk and weak incentive of the CBRR; the second is the reformer's weak incentive on reform, the third is the reformer's weak ability; the fourth is the low compatibility between the CBRR and other reforms in the same period, which brought about an organized formalism in the CBRR. The phenomenon of 'soft constraints' in CBRR shows that the effectiveness of grass-roots governance innovation is highly related to the attributes of the issue and the initiative of the innovation subject, and that grass-roots governance issues characterized by high difficulty and weak incentives require the full intervention of a more authoritative government in order to realize the effective provision of the institution.

Key words: community burden reduction; structure-actors; institutional environment; multiple logics

Part 2

综　述

"街头官僚"研究的议题演进与方法变迁：一项系统性综述

凌佳亨　高鸿怡*

摘　要：自利普斯基提出街头官僚概念以来，它便成为公共行政学研究的重要议题之一，相关研究繁多，但缺乏系统性梳理。本文运用系统性综述法并基于 PRISMA 声明的文献筛选标准，从来自中国知网与 Web of science 的 1 462 篇相关文献中选取了 45 篇作为街头官僚研究的核心文献，并分析其议题演进、研究方法变迁并展望未来趋势。研究发现，自由裁量、行动逻辑、责任控制、信息技术与街头官僚是国内外街头官僚研究中的四大核心议题。对街头官僚研究运用的研究方法经历了规范研究与案例研究为主、定量研究成为主流、迈向方法论的多元主义三个阶段。在国内外相关研究的对比中可以发现议题同构、差距明显、精细化导向与方法趋同四大特征。研究议题的演进与方法变迁共同构成了街头官僚研究知识生产的脉络与图谱，也进一步指明了未来研究的可能方向。

关键词：街头官僚；系统性综述；议题演进；责任控制；行动逻辑

---

* 凌佳亨（1998—　　），男，清华大学公共管理学院博士研究生，研究方向为政策过程理论，Email：lingjh23@ mails.tsinghua.edu.cn。高鸿怡（1999—　　），女，中国人民大学公共管理学院博士研究生，研究方向为政策评估、政策创新与扩散，Email：51214403001@ stu.ecnu.edu.cn。

一、引　　言

公共行政学自从威尔逊-韦伯范式提出以来，行政与执行便成为研究的永恒话题。作为与公共服务供给对象最直接接触和官僚系统中基层一线的街头官僚，这一概念与相关理论自 1971 年利普斯基（Lipsky，1971）提出以来也成为公共行政学的重要关注对象之一。无论是从当前讨论较多的与公民直接接触的政策执行视角出发（韩志明，2008），还是从政策创新的视角理解（黄扬、陈天祥，2020），毫无疑问，街头官僚已是公共行政理论研究知识生产与公共行政实务工作均绕不开的"矿藏"。

近年来，对于这一历史悠久且研究颇丰的重要议题，国内外学者从不同视角进行了简要回顾。2003 年，国内学者叶娟丽、马骏首次从国外引介发展了街头官僚理论，将"Street-Level Bureaucracy，SLB"一词译作街头官僚与国外学术界进行对话，同时梳理了街头官僚理论的源起与变迁，探讨了街头官僚的政策制定能力，指出了街头官僚研究的两大方向——信息时代下的街头官僚研究与街头官僚的自由裁量权及其责任控制问题（叶娟丽、马骏，2003）。随后，我国学术界的研究大多沿着这一文献指明的路线展开。除此之外，孙斐、王刘娟（2021）从行政伦理与公共价值角度切入，回顾了国内外对街头官僚道德困境、形成原因与应对策略的已有研究。甘甜（2019）则更为聚焦其中的应对策略，即街头官僚的责任控制问题，对这一研究分支的已有研究展开了较为详细的回顾。蒋晨光与褚松燕（2019）的综述研究是近年来对街头官僚较为全面的回顾，其对街头官僚概念及理论的起源进行了详细的考证，并通过自由裁量权、信息时代的街头官僚与治理视域的街头官僚三大方面对已有研究进行了串联。臧小伟（2016）也同样聚焦于自由裁量权进行街头官僚理论研究的回顾，并展望了未来的相关研究可能。与此同时，也有国外学者运用系统性综述法，从具体某一切入视角分析了街头官僚研究的现状，Busch 和 Henriksen（2018）从数字时代下的数字裁量权出发，针对 1998—2017 年的 44 篇关键文献进行了系统性分析，发现传统的街头官僚正在向数字官僚转变。Nothdurfter 和 Hermans（2018）从公共管理、社会政策与社会工作 3 个学科领域的 71 份出版物出发进行分析，指出了街头官僚研究的共同主题与争论焦点，并提倡对这一领域进行学科交叉研究。

如果以 Lipsky（1971）第一次对街头官僚内涵特征进行总结算起，对街头官僚的相关理论与实证研究已经走过了 40 年的历程，经过了国内外学者 40 年的理论考究与发展。适时开展系统性总结对于廓清某一研究议题的脉络与未来方向至关重要，是知识生产提质提量，避免简单重复、边际贡献匮乏研究的重要基础。与此同时，如何对这一主题进行科学严谨的系统回顾，在回顾的基础上开展针对性研究，这也是未来实现理论增量的重要基石，亦是本文研究的内在之意。然而，上述的现有回顾性研究，或是基于传统的叙事主义综述法进行的研究回顾，或是仅聚焦于街头官僚中的具体研究领域展开回顾，尚且缺少总览性、全局性的回顾与思考，直接导致了相关研究创新视野上的不足。鉴于此，本文试图通过系统性综述法，较为全面地回顾国内外街头官僚研究 40 年的历程与发展，旨在抛砖引玉。

二、研究设计

（一）研究方法

诚然，前文所指出的对街头官僚的已有回顾（综述）性研究大多基于传统叙事主义文献综述法（narrative review），其具有明显的不彻底性、主观性、不严谨性，极其容易包含研究者的主观偏见。相较而言，系统性综述（systematic review）相对更具科学性、客观性与可再现性，尤其是对纳入分析的文献，系统性综述有着严格的文献纳入标准与分析环节，因此能够较好地避免研究者对研究议题的主观偏见，进而科学识别当前研究进展（Tranfield，Denyer，and Smart，2003），尤其是在当前街头官僚相关的规范化定量研究较少（尤其在国内），而不能运用荟萃分析（meta-analysis）进行元回归、亚组分析、中介效应分析的基础上,系统性综述法是回顾已有研究的较优选择。鉴于此,本文主要基于系统性综述法,并且对纳入系统性分析的文献进行严格筛选,进而展开对已有研究的回顾。

(二) 文献检索

系统性分析同荟萃分析(或称元分析)一样,都常易犯"垃圾进、垃圾出"(garbage in garbage out)的错误(Ringquist and Anderson, 2013)。因此,为确保最终纳入系统性分析文献的研究质量,本文分别对中英文文献进行了检索,并借用了在荟萃分析领域国际学术界较为流行的分析标准PRISMA 声明(Moher et al., 2015),将其用于本文的系统性综述分析文献选取过程之中。本文对中文文献的检索基于对国内中文学术成果收录最全、最具影响力和知名度的中国知网(CNKI)数据库,并通过主题词"街头官僚"进行检索。英文检索的数据库主要基于 Web of Science(WOS)数据库中的核心合集,并通过街头官僚的 2 个主要同义主题词"Street-Level Bureaucrat"与"Street-Level Bureaucracy"进行检索。检索共计得到来自CNKI 的中文文献 428 篇,来自 wos 核心合集的英文文献 1 027 篇,以及其他途径补充的文献 7 篇,共计得到 1 462 篇原始文献。在原始文献的基础上,采取了国际通用 PRISMA 声明的文献筛选标准,确保用于分析的文献质量以及与本文分析主题的契合性,最终得到纳入本文进行系统性分析的核心文献 45 篇,具体文献筛选过程如图 1 所示。

(三) 分析步骤

在所得文献的分析上,主要分为 2 个层次进行:一是对所有检索到的文献进行全样本的描述性分析,分析其总体的发文时序进而判断相关研究在不同时间节点的产出情况,同时分析主要产出的学者以及主要发文期刊,以期较为全面地判断对街头官僚研究领域较为关注的学者与学术期刊,得到这一研究领域的大致样貌。二是进行对文献筛选后所得核心文献的系统性分析,系统性分析立足于核心文献,即街头官僚领域中具有影响力和代表性的文献,旨在揭示这一研究领域内部重要议题的变迁以及研究方法的进

识别	CNKI数据库以及Web of Science核心合集数据库搜集的文献 (n=1455)	其他来源补充的文献 (n=7)

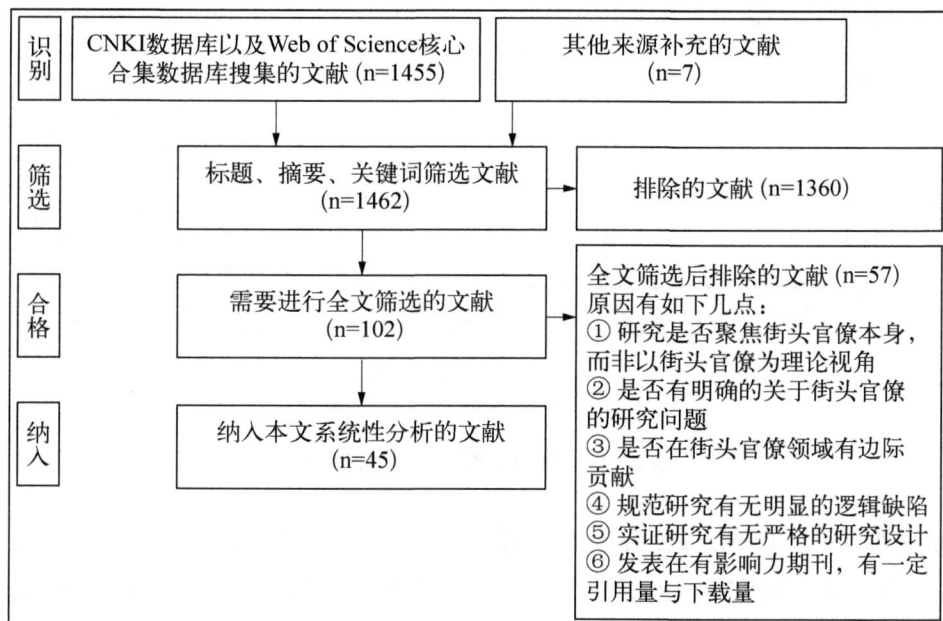

图 1 基于 PRISMA 的文献筛选过程

注：根据检索时的结果确定,检索时间：2021 年 11 月 25 日,下同。

展,具体包括对核心文献的研究议题聚焦及其演进、研究方法及其演进进行分析,并进行国内外对比。

三、全样本描述性分析

（一）总体发文时序

基于检索得到的 1 462 篇原始文献,图 1 区分了国内外街头官僚研究文献的发表时间与数量,从总体产量看,国外发表成果要显著多于国内,并且有扩大趋势,这一方面是因为国外研究起步较早,另一方面也意味着国外对这一研究领域更为关注。从研究起始节点来看,1971 年,美国学者利普斯基发表了关于街头官僚的第一篇研究,自此街头官僚作为学术研究概念开

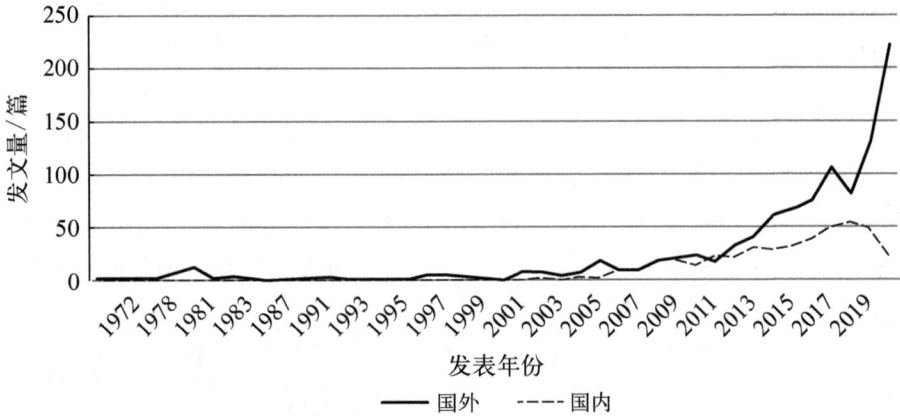

图 2　国内外发表街头官僚文献情况

始在西方世界出现,但这并不意味着街头官僚自此成为主要研究领域,此后
30 年内,相关研究零星出现,使其未能成为核心议题。直到 21 世纪,相关
研究才开始逐渐增多,2010 年后,相关研究成果开始出现爆发式增长。反
观国内,2003 年,叶娟丽和马骏发表了国内街头官僚的第一篇研究论文,随
后相关研究相继出现,但数量与国外学术界相比明显较少,也反映出国内学
者对这一领域的关注显著低于国外学者。

（二）主要学者

　　第一作者通常是社会科学研究论文的第一责任人,最能够反映出其
在这一领域的熟悉情况和研究地位,因此,本文主要将论文的第一作者纳
入分析范畴。当前,国内在街头官僚议题研究中,有 6 位学者以第一作者
发表中文论文超过 3 篇,其发文情况及所在机构情况如表 1 所示,从中不
难看出街头官僚的研究集中于政治学与公共管理领域。此外,由于街头
官僚研究肇始于西方学界,因此国外主要学者的发文量显著多于国内学
者,在这一领域以第一作者发文超过 4 篇的学者有 7 位。值得注意的是,
7 位学者都来自欧洲学界,表明街头官僚研究在欧洲学界的重视程度,而
非我们传统认为应是概念提出者与理论奠基人利普斯基所在的美国学界
更为关注。

表1 国内外街头官僚研究主要学者情况

作 者	数 量	机 构
董伟玮	6	吉林大学行政学院
韩志明	5	上海交通大学国际与公共事务学院
谢治菊	4	广州大学公共管理学院
颜海娜	4	华南师范大学政治与公共管理学院
刘升	4	贵州大学公共管理学院
刘邦凡	4	燕山大学文法学院(公共管理学院)
Lars Tummers	7	Department of Public Administration, Erasmus University
Maayan Davidovitz	6	Department of Public Administration and Policy, School of Political Sciences, University of Haifa
De Boer Noortje	6	Department of Public Administration and Sociology, Erasmus University Rotterdam; Utrecht School of Governance at Utrecht University
Raaphorst Nadine	5	Institute of Public Administration, Faculty of Governance and Global Affairs, Leiden University
Ellis Kathryn	5	University of Bedfordshire
Evans Tony	5	Department of Social Work, Royal Holloway College, University of London
Nissim Cohen	5	Department of Public Administration and Policy and the Center for Public Management and Policy, University of Haifa

(三)主要发文期刊

通过分析已发表的街头官僚相关文献,可以发现国内发文量最多的期刊是《公共管理学报》,其后依次是《法制与社会》《中国行政管理》《甘肃行政学院学报》《领导科学》《公共管理与政策评论》,发文量都在4篇以上。国外发文量最高的期刊是 *Journal of Public Administration Research and Theory*, *Public Administration*, *Public Administration Review*, *Public Management Review*, *Social Policy & Administration*, *European Journal of Social Work*,发文量均达到24篇以上,显著高于国内期刊,这也得益于国外学术界较长的研究历史与办刊时间,具体见表3。

表3　国内外街头官僚研究主要发文期刊

期　刊	数　量	期　刊	数　量
公共管理学报	11	*Journal of Public Administration Research and Theory*	33
法制与社会	8	*Public Administration*	32
中国行政管理	6	*Public Administration Review*	28
甘肃行政学院学报	5	*Public Management Review*	26
领导科学	5	*Social Policy & Administration*	26
公共管理与政策评论	4	*European Journal of Social Work*	24

四、核心文献分析

根据前文基于 PRISMA 声明的文献筛选标准,共计得到了用于系统性分析的核心文献45篇,其中包括中文文献9篇,英文文献36篇。表4和表5呈现了用于系统性分析的中英文核心文献的题目、作者、期刊、发表年份、主要内容和研究方法等信息,并能够做进一步分析与探讨。

(一)研究议题及其演进

1. 自由裁量

自利普斯基开始,自由裁量权的相关研究便一直占据着街头官僚论域的中心,成为街头官僚中最为重要和争论最多的研究问题之一(Evans and Harris,2004),由此延伸出了许多子研究方向。例如针对街头官僚行为研究与身份角色界定的政策变通执行与政策创新研究,本身都源于其所具有的自由裁量权。从核心文献的知识生产角度来看,国内外许多重要文献都因循着这一研究脉络展开,尤其是街头官僚的早期研究,大都聚焦于自由裁量权问题,指出自由裁量权在街头官僚研究中的重要性(叶娟丽、马骏,2003;Lipsky,1971;Richard and Michael,1977;Prottas,1978)。

表 4 街头官僚中文核心文献

题　名	作　者	期　刊	年份	研　究　议　题	研究方法
公共行政中的街头官僚理论	叶娟丽、马骏	武汉大学学报(哲学社会科学版)	2003	介绍西方街头官僚理论,探讨责任控制与信息时代变革下的街头官僚研究两大方向	规范研究
街头官僚的行动逻辑与责任控制	韩志明	公共管理学报	2008	揭示街头官僚的行动逻辑在于激励不足,规则依赖,选择行为和一线干齐全,提出管理,法律,政治,道德四种控制路径	规范研究
街头官僚的空间阐释——基于工作界面的比较分析	韩志明	武汉大学学报(哲学社会科学版)	2010	指出街头官僚的行动有窗口空间,街头空间和社区空间	规范研究
街头官僚及其行动的空间辩证法——对街头官僚概念与理论命题的重构	韩志明	经济社会体制比较	2011	辨析窗口空间与街头空间中自由裁量权的不同,并指出了街头行政中的互动关系	规范研究
街头官僚政策变通执行的类型及其解释——基于对H县食品安全监管执法的案例研究	刘鹏、刘志鹏	中国行政管理	2014	将街头官僚自由裁量及政策变通执行细分为政策敷衍,政策附加,政策替换及政策抵制四种类型	案例研究(多案例)
街头官僚运动式执法的动员机制——基于广州市A街道流动摊贩治理问题的探讨	吴兑昌、关飞洲	湘潭大学学报(哲学社会科学版)	2018	街头官僚执法目标,执法条件与绩效考核对其运动式治理动员机制的影响	案例研究(单案例)
街头官僚如何推动政策创新?——基层卫生服务领域中的创新案例研究	黄扬、陈天祥	公共管理学报	2020	街头官僚政策创新的动机,组织模式,工具选择以及政策之窗	案例研究(单案例)
一线行政人员身份建构的策略及其作用机理——基于工作现场的会话分析	童伟玮	公共管理学报	2021	分析了街头官僚(窗口官僚)如何进行自身身份建构	会话分析
数字化时代街头官僚的责任性:分析框架与研究展望	林荣全	电子政务	2021	建构了数字化时代街头官僚责任性的分析框架	规范研究

表 5 街头官僚英文核心文献

题 名	作 者	发 表 期 刊	年份	研 究 议 题	研究方法
Street Level Bureaucracy and the Analysis of Urban Reform	Lipsky M	URBAN AFFAIRS QUARTERLY	1971	定义街头官僚及其特点	规范研究
Street-level bureaucrats and institutional innovation: Implementing special-education reform	Weatherley R, Lipsky M	HARVARD EDUCATIONAL REVIEW	1977	研究了街头官僚在具体场景中的行动特征与自由裁量权	案例研究（单案例）
The Power of the Street-Level Bureaucrat in Public Service Bureaucracies	Prottas J M	URBAN AFFAIRS REVIEW	1978	街头官僚的权力及其分配问题	规范研究
From street-level to system-level bureaucracies: How information and communication technology is transforming administrative discretion and constitutional control	Bovens M, Zouridis S	PUBLIC ADMINISTRATION REVIEW	2002	提出了信息化时代下街头官僚正向系统官僚转变	案例研究（多案例）
Understanding implementation: Street-level bureaucrats' resources for reform	Hill H C	JOURNAL OF PUBLIC ADMINISTRATION RESEARCH AND THEORY	2003	运用执行者政策学习视角研究街头官僚政策执行	案例研究（单案例）
Street-level bureaucracy, social work and the (Exaggerated) death of discretion	Evans T, Harris J	BRITISH JOURNAL OF SOCIAL WORK	2004	以相对中立态度分析了街头官僚的自由裁量权	规范研究

续　表

题　名	作　者	发表期刊	年份	研究议题	研究方法
Are street-level bureaucrats compelled or enticed to cope?	Nielsen, Vibeke Lehmann	PUBLIC ADMINISTRATION	2006	街头官僚的行动及可能的差异性影响行为的影响因素	定量研究
Street-level bureaucracy and public accountability	Hupe Peter, Hill Michael	PUBLIC ADMINISTRATION	2007	街头官僚的问责形式	规范研究
Politicians, Managers, and Street-Level Bureaucrats: Influences on Policy Implementation	May Peter J, Winter Soren C	JOURNAL OF PUBLIC ADMINISTRATION RESEARCH AND THEORY	2009	政治与管理因素对街头官僚执行政策的影响	定量研究
Understanding Street-Level Bureaucrats' Decision Making: Determining Eligibility in the Social Security Disability Program	Keiser Lael R	PUBLIC ADMINISTRATION REVIEW	2010	非面对面互动的街头官僚如何进行决策判断	定量研究
Toward a Theoretical Framework for Ethical Decision Making of Street-Level Bureaucracy: Existing Models Reconsidered	Loyens Kim, Maesschalck Jeroen	ADMINISTRATION & SOCIETY	2010	街头官僚如何进行道德决策	规范研究
Professionals, Managers and Discretion: Critiquing Street-Level Bureaucracy	Evans Tony	BRITISH JOURNAL OF SOCIAL WORK	2011	专业精神对街头官僚自由裁量权的影响	案例研究
Revisiting Lipsky: Front-Line Work in UK Local Governance	Durose Catherine	POLITICAL STUDIES	2011	街头官僚作为"创业者"的政策创新行为	案例研究+质性访谈

续 表

题 名	作 者	发表期刊	年份	研究议题	研究方法
Beyond Markets: Sociology, street-level bureaucracy, and the management of the public sector	Piore Michael J	REGULATION & GOVERNANCE	2011	街头官僚在弥合政府市场中的自由裁量作用	案例研究（多案例）
Policy Implementation, Street-level Bureaucracy, and the Importance of Discretion	Tummers Lars, Bekkers Victor	PUBLIC MANAGEMENT REVIEW	2014	街头官僚的自由裁量是否影响了公民认同与自身执行意愿	定量研究
A Public Service Gap: Capturing contexts in a comparative approach of street-level bureaucracy	Hupe Peter, Buffat Aurelien	PUBLIC MANAGEMENT REVIEW	2014	宏观环境、制度因素与街头官僚行动	案例研究（多案例）
Street-Level Bureaucracy and E-Government	Buffat Aurelien	PUBLIC MANAGEMENT REVIEW	2015	电子政府与街头官僚自由裁量权的关系	规范研究
Street-level policy entrepreneurship	Arnold Gwen	PUBLIC MANAGEMENT REVIEW	2015	作为政策企业家的街头官僚如何进行政策创新	案例研究、参与式观察+质性访谈
Serving Clients When the Server Crashes: How Frontline Workers Cope with E-Government Challenges	Tummers Lars, Rocco Philip	PUBLIC ADMINISTRATION REVIEW	2015	电子政务时代下的街头官僚行为	案例研究（单案例）
Street-level bureaucracy, management and the corrupted world of service'	Evans Tony	EUROPEAN JOURNAL OF SOCIAL WORK	2016	高级管理人员的自由裁量权对街头官僚自由裁量的影响	案例研究+质性访谈

续　表

题　名	作　者	发　表　期　刊	年份	研　究　议　题	研究方法
Street-level bureaucrats' turnover intention: does public service motivation matter?	Shim Dong Chul, Park Hyun Hee, Eom Tae Ho	INTERNATIONAL REVIEW OF ADMINISTRATIVE SCIENCES	2017	公共服务动机如何影响街头官僚的离职意向	定量研究
A Matter of Trust: Street Level Bureaucrats, Organizational Climate and Performance Management Reform	Destler Katharine Neem	JOURNAL OF PUBLIC ADMINISTRATION RESEARCH AND THEORY	2017	组织环境如何塑造街头官僚绩效管理价值观与行为	混合研究（案例+定量）
The Impact of Empathy-Explaining Diversity in Street-Level Decision-Making	Jensen Didde Cramer, Pedersen Line Bjornskov	JOURNAL OF PUBLIC ADMINISTRATION RESEARCH AND THEORY	2017	移情能力对街头官僚自由裁量的影响	定量研究（离散选择实验）
Unbureaucratic Behavior among Street-Level Bureaucrats: The Case of the German State Police	Brockmann Julia	REVIEW OF PUBLIC PERSONNEL ADMINISTRATION	2017	如何纠正街头官僚的不公正行为	定量研究
Which Clients are Deserving of Help? A Theoretical Model and Experimental Test	Jilke Sebastian, Tummers Lars	JOURNAL OF PUBLIC ADMINISTRATION RESEARCH AND THEORY	2018	街头官僚会优先服务于哪些公民	联合实验

续 表

题 名	作 者	发 表 期 刊	年份	研 究 议 题	研究方法
Low-level bureaucrats, local government regimes and policy entrepreneurship	Frisch-Aviram Neomi, Cohen Nissim, Beeri Itai	POLICY SCIENCES	2018	作为政策企业家的街头官僚如何把握政策创新时机	案例研究（过程追踪）
Does Disclosure of Performance Information Influence Street-level Bureaucrats' Enforcement Style?	de Boer Noortje, Eshuis Jasper, Klijn Erik-Hans	PUBLIC ADMINISTRATION REVIEW	2018	绩效信息公开是否会影响街头官僚的行为选择	定量研究（结构方程模型）
Stereotypes in Context: How and When Do Street-Level Bureaucrats Use Class Stereotypes?	Harrits Gitte Sommer	PUBLIC ADMINISTRATION REVIEW	2019	街头官僚如何以及何时使用阶级刻板印象	访谈+实验
Negotiated Discretion: Redressing the Neglect of Negotiation in Street-Level Bureaucracy	Johannessen Lars E F	SYMBOLIC INTERACTION	2019	街头官僚与服务客体的互动谈判如何影响其自由裁量	民族志（参与式观察）+质性访谈
How social networks affect policy implementation: An analysis of street-level bureaucrats' performance regarding a health policy	Lotta Gabriela Spanghero, Marques Eduardo Cesar	SOCIAL POLICY & ADMINISTRATION	2020	社会关系如何影响街头官僚的政策执行	民族志+社会网络分析
Public Sector Governance Reform and the Motivation of Street-Level Bureaucrats in Developing Countries	Zarychta Alan, Grillos Tara, Andersson Krister P	PUBLIC ADMINISTRATION REVIEW	2020	治理模式改革如何影响街头官僚的公共服务动机	定量研究+实验法

续 表

题 名	作 者	发表期刊	年份	研究议题	研究方法
Playing defence: the impact of trust on the coping mechanisms of street-level bureaucrats	Davidovitz Maayan, Cohen Nissim	PUBLIC MANAGEMENT REVIEW	2020	信任在街头官僚与服务对象之间发挥着什么作用	质性访谈
How Do Citizens Assess Street-Level Bureaucrats' Warmth and Competence? A Typology and Test	de Boer Noortje	PUBLIC ADMINISTRATION REVIEW	2020	市民对街头官僚的印象与评价	类型学+定量研究
Supervisory Leadership at the Frontlines: Street-Level Discretion, Supervisor Influence, and Street-Level Bureaucrats' Attitude Towards Clients	Keulemans Shelena, Groeneveld Sandra	JOURNAL OF PUBLIC ADMINISTRATION RESEARCH AND THEORY	2020	街头一线主管街头官僚间的互动关系如何影响其行为	定量研究
Understanding street-level bureaucrats' attitude towards clients: Towards a measurement instrument	Keulemans Shelena, Van de Walle Steven	PUBLIC POLICY AND ADMINISTRATION	2020	如何测量街头官僚对公民的态度	定量研究
Street-Level Bureaucrats' Social Value Orientation On and Off Duty	Cohen Nissim, Hertz Uri	PUBLIC ADMINISTRATION REVIEW	2020	当班与否是否会影响街头官僚的社会价值取向	定量研究+实验

随着研究在纵深上的推进,针对街头官僚自由裁量权的研究进一步细分与聚焦,有学者开始从街头官僚自由裁量权的线索出发,区分其自由裁量行为在不同行动空间场景下的表现形式,讨论街头官僚自由裁量的具体类型(刘鹏、刘志鹏,2014),并对这一议题展开系统性回顾与反思(Evans and Harris,2004)。在针对街头官僚自由裁量的描述性与类型学研究之后,学者们开始将聚焦点集中于街头官僚自由裁量行为的归因研究上,试图通过因果追踪分析街头官僚行为,相继从结构性因素与行动者视角两大层面理解影响街头官僚判断决策进而行使其自由裁量权的影响因素(Evans,2010;May and Winter,2009;Evans,2015;Cramer and Pedersen,2017;Johannessen,2019),同时思考街头官僚自由裁量行为可能带来的影响结果(Tummers and Bekkers,2014;Piore,2011),进一步推动了街头官僚自由裁量研究取得一系列新进展,也为街头官僚研究的第二个核心议题——行动逻辑奠定了研究基础。

2. 行动逻辑

作为行动主体的街头官僚有其可归因的行为逻辑,这在针对街头官僚自由裁量的讨论进入了深层次领域后也成为学者致力研究的重要议题。从本质来看,街头官僚的行动逻辑源于其具有的自由裁量权,并寓于特定的行动空间之中而表现出不同的形式,对此,国内学者韩志明(2010)将其行动空间归结为窗口空间、街头空间与社区空间,并指出了不同空间下的特征。另一针对行动逻辑的主流研究路径强调归因解释,试图追求科学的因果推断,因此其注重探讨可能作用于街头官僚具体行为选择的影响因素(Nielsen,2006;Hupe and Buffat,2014;Destler,2017),探讨街头官僚如何进行自身身份的建构(董伟玮,2021),分析街头官僚在具体情景中扮演的身份角色,例如政策理解者(学习者)(Hill,2003)、政策执行者(吴克昌、关飞洲,2018)、政策企业家(黄扬、陈天祥,2020;Arnold,2015;Frisch-Aviram,Cohen N,and Beeri,2018)。尤其是伴随着公共管理学不断从心理学攫取知识养分,行为公共管理研究流派开始兴起,相应研究也在街头官僚领域出现,聚焦于街头官僚细分行为的动因,其所做的不同决策判断的原因与影响因素(Keiser, 2010；Loyens and Maesschalck, 2010；Shim, Park, and Eom, 2017),其在工作精力有限的情况下如何选择优先服务对象(Jilke and Tummers, 2018),何时会受到阶层刻板印象的影响(Harrits, 2019),其社会价值观与自己所处工作状态的情况(Cohen and Hertz, 2020),这一公共管理与心理学学科交叉的系列研究成果均产生于2010年以后,也表明了街头官僚未来研究的趋势所向。

3. 责任控制

古今中外的政府实践都已表明,自我规制是控制政府的重要方法之一(罗伯特·鲍德温,马丁·凯夫,马丁·洛奇,2017),这也表明了对政府内部控制的必要性。作为多层级治理体系中的底层,街头官僚的广泛性、分散性与直接接触服务对象的特质以及它所具有的自由裁量权共同决定了需要通过政府体系内部的法律法规,以及来自政府体系外部的一系列手段对其进行责任控制。从相关核心文献考察,对街头官僚实行责任控制的研究在国内外分别肇始于休普(Hupe)与韩志明等人,他们均探讨了应当通过哪些方式控制街头官僚的行为,指明了主流的管理、法律、政治、道德等控制路径,使其能够较好履责(Hupe and Hill, 2007；韩志明,2008),也为后续研究指明了方向。在休普等人的基础上,学者的探讨愈发精细化。近年来,立足是否应该控制、如何控制与控制程度等做出了许多研究,例如对街头官僚忽视问责与不公正行为应当采取何种控制手段的相关研究(Brockmann, 2017)。伴随公共行政研究方法上的进步,街头官僚责任控制的定量研究开始出现,学者们开始从量化的视角出发探讨政府组织内部制度的更新如何实现对街头官僚的责任控制,通过运用结构方程模型聚焦绩效信息公开对街头官僚行为控制的作用(de Boer, Eshuis, and Klijn, 2018)。这也指明了这一议题下的研究趋向。

4. 信息技术与街头官僚

2002年,波文斯(Bovens)等人在街头官僚领域下探讨了一个重要问题,即在信息技术迅速发展和信息化时代的背景下,传统街头官僚的形态正在发生怎样的巨大转变(Bovens, 2020)。这一研究成果的问世开启了信息技术与街头官僚研究的新议题,因为数字技术改变了街头官僚与其互动对象的交互形式与交互过程,成为后续许多学者关注与研究聚焦的中心,引发了该领域研究新的学术增长点。这一变化也表明学术界开始将时代的宏大叙事背景结合到街头官僚研究之中。在信息化与街头官僚的具体讨论中,学者聚焦探讨了电子政府如何对街头官僚的传统自由裁量权实施影响(Buffat, 2015),如何对街头官僚的其他行动产生影响(Tummers and Rocco, 2015),数字时代中街头官僚的责任结构与责任行为该如何界定(林荣全,2021),将信息技术与传统街头官僚研究的自由裁量、责任控制与行动逻辑相结合。

除此之外,治理在社会科学的兴起也推动了街头官僚学者研究聚焦点的转向,开始抽离立足街头官僚本身研究街头官僚的单调视角,逐渐考虑到街头官僚所处的社会网络,并聚焦于治理模式(Zarychta, Grillos T, and Andersson, 2020)、社会关系与社会结构(Lotta and Marques, 2020)等多重因素对街头官僚行为的影响。同时,学者们开始关注到市民对街头官僚行动的作用关系,尝试从行为体之间互动的视角切入街头官僚的研究之中(Davidovitz and Cohen, 2020; Boer, 2020; Keulemans and Walle, 2020),探讨街道层面的主管与街头官僚间的互动逻辑及其对街头官僚行为的影响(Shelena and Sandra, 2019)。表6总结了街头官僚核心文献的研究议题与聚焦点。

表6 街头官僚核心文献的研究议题及聚焦点

议题	主要聚焦点	数量	相 关 文 献
	街头官僚自由裁量权的类型划分与表现形式	6	Lipsky, 1971; 叶娟丽、马骏, 2003; Evans and Harris, 2004; Richard and Michael, 1977; Prottas, 1978;刘鹏、刘志鹏,2014
自由裁量	影响街头官僚行使自由裁量权的因素	5	Evans, 2010; May and Winter, 2009; Evans, 2015; Cramer and Pedersen, 2017; Johannessen, 2019
	街头官僚自由裁量行为可能带来的结果	2	Tummers and Bekkers, 2014; Piore, 2011

议题	主要聚焦点	数量	相　关　文　献
行动逻辑	街头官僚的行动空间	2	韩志明,2010;韩志明,2011
	街头官僚的政策角色	10	Nielsen, 2006; Hupe and Buffat, 2014; Katharine et al., 2016;董伟玮,2021; Hill, 2013;吴克昌、关飞洲,2018; Durose, 2011; Arnold, 2015; Frisch-Aviram et al., 2018;黄扬、陈天祥,2020
	街头官僚的行为动因	6	Keiser, 2010; Loyens and Maesschalck, 2010; Shim et al., 2017; Jilke and Tummers, 2018; Harrits, 2019; Cohen and Hertz, 2020
责任控制	街头官僚的责任控制路径	2	Hupe and Hill, 2007;韩志明,2008
	街头官僚的行为控制手段	2	Brockmann, 2015; Boer et al., 2018
新兴形态	信息技术对街头官僚的塑造	4	Zouridis, 2010; Buffat, 2015; Tummers and Rocco, 2015;林荣全, 2021
其他	治理结构对街头官僚研究的影响	6	Zarychta et al., 2020; Lotta and Marques, 2019; Davidovitz and Cohen, 2020; Boer, 2020; Keulemans and Walle, 2020; Shelena and Sandra, 2019

（二）研究方法及其数据来源

在议题与方法的关系上,早期研究多聚焦于行为逻辑,慢慢转向责任控制。伴随着时代变化,信息技术的影响开始纳入分析之中,而对自由裁量的研究贯穿始终。早期研究行为逻辑的学者,受限于方法的发展,多采用了规范研究与案例研究,并且实证数据来源地多位于美国。伴随着方法的发展,对行为逻辑与责任控制的相关研究开始采用定量分析方法,数据来源地也从美国开始向欧洲扩散。21 世纪初以来,针对街头官僚的研究议题尽管没有太大的变化,但方法趋近多元,数据来源地也变得更为多元化,除了美国与欧洲外,也开始向其他地方尤其是发展中国家扩散。

表 7 各时期街头官僚核心文献的研究方法与数据来源地

研究时期	研究方法	文献数	数据来源地
1971—2005 年	规范研究	5	——
	案例研究	2	美国(2)
2006—2010 年	规范研究	4	——
	定量研究	3	丹麦(2),美国(1)
2011—2021 年	规范研究	3	——
	案例研究	7	中国(3),美国(2),以色列(1),爱沙尼亚、法国、瑞士(1)
	定量研究	6	荷兰(4),德国(1),韩国(1)
	实验研究	2	美国(1),荷兰(1)
	混合研究	12	英国(3),美国(2),丹麦(2),以色列(2),挪威(1),巴西(1),洪都拉斯(1)
	其他	1(会话分析)	中国(1)

（三）国内外研究对比

对比国内与国外在街头官僚问题上的核心研究文献,可以总结出议题同构、差异明显与方法趋同三大特点。

1. 议题同构

尽管国内外关于街头官僚研究的核心文献数量存在差距,但其所折射出的街头官僚主流研究议题具有趋同性与同构性。无论是自由裁量、责任控制、行为逻辑还是信息技术下的街头官僚,国内外学者都针对四个议题进行了讨论与知识生产。这既体现出了街头官僚研究在各国行政实践中存在的普遍共性,反映四大议题在街头官僚研究中的重要地位,也揭示了当前国内外学者间存在的默契与学术共识。此外,高度趋同化的研究议题也意味着研究的相对停滞,进而反映出各国学者对本土化街头官僚实践的挖掘不足,难以促进新的具有影响力的方向与成果的生产。

2. 差异明显

一方面，当前国外学术界对街头官僚的研究深度要远远领先于国内，前者已开始关注影响街头官僚行为的因素，并通过定量测度、实验等前沿方法予以检验，这些均是当前国内研究所欠缺的。尽管近年来国内学术界也涌现了运用新方法展开对街头官僚新议题的研究[1]，但总体而言国内研究议题与研究方法的发展路径仍遵循了国外学术界的发展路径，前沿研究成果较少。另一方面，囿于制度环境与文化环境的差异性，国外学者对街头官僚的研究不仅局限于对基层政府与一线公务员的讨论，还涉及护士等广义街头官僚的研究，而国内学者则多集中于对政府系统内街头官僚的研究，研究客体的广度上存在差距。

3. 方法趋同

伴随着社会科学研究方法的整体转向，因果推断成为当前社会科学研究努力的方向，许多新兴研究方法也开始占据主流。综合国内外学术界关于街头官僚的研究文献，可以发现研究方法总体由规范研究、案例研究转向定量研究、实验研究、人类学民族志方法，更为注重研究方法的科学性与多样性。早期规范性研究与案例研究搭建了街头官僚研究的总体性框架与大致路径。近年来，多样化研究方法则进一步建构和充实了具体研究的内容。尽管当前国内学术界较国外学术界对于定量研究方法、实验法等方法的运用还较少，但朝这一方向努力，尝试运用新兴研究方法展开对街头官僚的研究已成为未来的主流[2]。这一趋向也表明了国内外学者在街头官僚领域达成的研究方法共识。

基于上述分析与判断，本文尝试描绘了街头官僚研究大致的知识生产脉络，如图 3 所示。

---

[1]　例如董伟玮 2021 年发表于《公共管理学报》上的关于街头官僚的研究论文，运用了参与式观察的会话分析方法。具体参见《一线行政人员身份建构的策略及其作用机理——基于工作现场的会话分析》一文。

[2]　例如"第十四届公共治理青年论坛——数字化背景下政府治理创新的机遇与挑战"中，平行论坛 E 中有学者做了一项研究《街头官僚优先处理何种任务？——一项基于离散选择实验的任务选择逻辑研究》，作者为华东师范大学赵继娣。

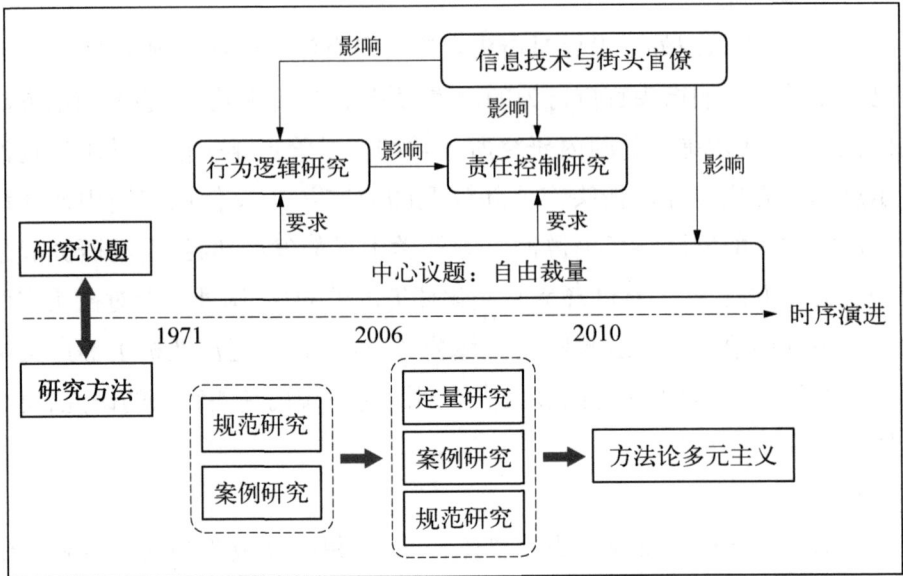

图3　街头官僚研究的知识生产脉络

五、结　　论

　　回顾与反思是学科得以持续进步的先声,街头官僚作为公共行政中的重要研究领域,亟须在回顾与反思中提升研究质量。考虑到当前街头官僚的回顾性研究多为叙事性综述以及其相关子议题的综述,基于系统性综述法的整体性回顾匮乏,本文借此做出了尝试性补充。基于对中国知网与WOS两大数据库的文献检索,共汇集了1 462篇原始文献,并从中筛选出了45篇关于街头官僚研究的核心文献。在原始文献的基础上,展现了国内外街头官僚相关文献在时间序列上的演变过程,并阐明了国内外这一领域各自的核心学者与主要发文期刊。核心文献展现了国内外对街头官僚研究的知识生产脉络与谱系。在研究议题上,自由裁量、行动逻辑、责任控制以及信息技术下的街头官僚是当前国内外街头官僚研究的四大核心议题,并逐步受到来自治理与数字化时代的影响,研究关注点也逐渐转向了街头官僚行为的精细化定量研究。

在研究方法上，街头官僚研究先后经历了三个阶段：从第一阶段的规范研究与案例研究为主，再到第二阶段的定量研究成为主流，再到第三阶段迈向方法论上的多元主义。对比国内外研究的核心文献，可以发现，当前国内外对于街头官僚的研究具有高度的议题同构性，一定程度达成了街头官僚研究的学术共识，研究方法开始逐渐走向趋同，更为强调多元化的研究方法与定量分析。但国内总体对于研究方法的运用落后于国外，精细化研究与定量分析较少。

与此同时，本文也存在两个主要不足。一方面，对于纳入分析的街头官僚文献存在遗漏，囿于语言限制，本文用于系统性分析的文献中尚未考察到除中文与英语外其他语种的街头官僚研究成果，尽管中英文为当前学术界最具影响力和代表性的两种学术语言，但街头官僚在多层级治理国家中普遍存在，源于其他政治共同体实践的研究成果亦有助于丰富对现有研究进展、议题与方法的讨论。此外，学位论文尤其是博士学位论文以及专著也是重要的知识载体，能够为分析街头官僚研究进展提供信息来源。尽管笔者也在 Proquest 等数据库中进行了尝试性检索，但限于搜索手段与现有分析工具的匮乏，本文未将关于街头官僚研究的英文学位论文以及研究著作纳入分析范畴。

另一方面，在研究议题、研究方法、国内外对比的分析之中，尚且还有许多值得进一步探讨的问题需要研究。例如：为何欧洲学界成为街头官僚研究的重镇？为何国外对于街头官僚的探讨范围是广义的，而国内仅限于政治系统内部，街头官僚研究与国家政治制度之间存在怎样的关联性？在四大街头官僚研究的议题内部，又存在怎样更为细分的演变趋势？其中的研究聚类图谱是怎样呈现的？这些都是具有研究价值的问题，但受篇幅限制与笔者研究能力的局限，未能在文中予以深入讨论，当然这也为后续研究的展开指明了一些可能的方向。

参考文献

董伟玮,2021.一线行政人员身份建构的策略及其作用机理：基于工作现场的会话分析[J].

公共管理学报,18(2):45 - 57,167.

甘甜,2019.街头官僚责任控制研究:争议与评述[J].公共行政评论,12(5):176 - 197,216.

韩志明,2008.街头官僚的行动逻辑与责任控制[J].公共管理学报,(1):41 - 48,121 - 122.

韩志明,2010.街头官僚的空间阐释:基于工作界面的比较分析[J].武汉大学学报(哲学社会科学版),63(4):583 - 591.

黄扬,陈天祥.街头官僚如何推动政策创新?:基层卫生服务领域中的创新案例研究[J].公共管理学报,2020,17(4):74 - 86,170.

蒋晨光,褚松燕.街头官僚研究综述[J].国外社会科学,2019(3):59 - 68.

刘鹏,刘志鹏,2014.街头官僚政策变通执行的类型及其解释:基于对 H 县食品安全监管执法的案例研究[J].中国行政管理,(5):101 - 105.

林荣全,2021.数字化时代街头官僚的责任性:分析框架与研究展望[J].电子政务,(10):92 - 104.

孙斐,王刘娟,2021.街头官僚的道德困境:一个文献综述[J].公共管理与政策评论,10(3):158 - 168.

吴克昌,关飞洲,2018.街头官僚运动式执法的动员机制:基于广州市 A 街道流动摊贩治理问题的探讨[J].湘潭大学学报(哲学社会科学版),42(2):25 - 32.

叶娟丽,马骏,2003.公共行政中的街头官僚理论[J].武汉大学学报(哲学社会科学版),(5):612 - 618.

罗伯特·鲍德温,马丁·凯夫,马丁·洛奇.牛津规制手册[M].宋华琳,等译.上海:上海三联书店,2017:662.

ARNOLD G, 2015. Street-level policy entrepreneurship[J]. Public Management Review, 17(3):307 - 327.

BUFFAT A, 2015. Street-level bureaucracy and e-government[J]. Public Management Review, 17(1):149 - 161.

BROCKMANN J, 2017. Unbureaucratic behavior among street-level bureaucrats: the case of the German state police[J]. Review of Public Personnel Administration, 37(4):430 - 451.

CRAMER J D, PEDERSEN LINE BJØRNSKOV, 2017. The impact of empathy: explaining diversity in street-level decision-making[J]. Journal of Public Administration Research and Theory, (3):1 - 17.

COHEN N, HERTZ U, 2020. Street-Level Bureaucrats' social value orientation on and off duty [J]. Public Administration Review, 80(3):442 - 453.

DESTLER K N, 2017. A matter of trust: street level bureaucrats, organizational climate and performance management reform [J]. Journal of Public Administration Research and Theory, 27(3):517 - 534.

DE BOER N, ESHUIS J, KLIJN E H, 2018. Does disclosure of performance information influence street-level bureaucrats' enforcement style? [J]. Public Administration Review, 78(5):694 - 704.

DE BOER N, 2020. How do citizens assess street-level bureaucrats' warmth and competence? A typology and test[J]. Public Administration Review, 80(4): 532 – 542.

DAVIDOVITZ M, COHEN N, 2022. Playing defense: the impact of trust on the coping mechanisms of street-level bureaucrats[J]. Public Management Review, 24(2): 279 – 300.

EVANS T, HARRIS J, 2004. Street-level bureaucracy, social work and the (exaggerated) death of discretion[J]. The British Journal of Social Work, 34(6): 871 – 895.

EVANS T, 2010. Professionals, managers and discretion: critiquing street-level bureaucracy [J]. The British Journal of Social Work, 41(2): 368 – 386.

EVANS T, 2015. Street-level bureaucracy, management and the corrupted world of service[J]. European Journal of Social Work, 19(5): 602 – 615.

FRISCH-AVIRAM N, COHEN N, BEERI I, 2018. Low-level bureaucrats, local government regimes and policy entrepreneurship[J]. Policy Sciences, 51(1): 1 – 19.

HILL H C, 2003. Understanding implementation: street-level bureaucrats' resources for reform [J]. Journal of Public Administration Research and Theory, 13(3): 265 – 282.

HUPE P, HILL M, 2007. Street-level bureaucracy and public accountability [J]. Public administration, 85(2): 279 – 299.

HUPE P, BUFFAT A, 2014. A public service gap: capturing contexts in a comparative approach of street-level bureaucracy[J]. Public Management Review, 16(4): 548 – 569.

HARRITS G S, 2019. Stereotypes in context: how and when do street-level bureaucrats use class stereotypes? [J]. Public Administration Review, 79(1): 93 – 103.

JILKE S, TUMMERS L, 2018. Which clients are deserving of help? A theoretical model and experimental test[J]. Social Science Electronic Publishing, 28(2): 226 – 238.

JOHANNESSEN L E F, 2019. Negotiated discretion: redressing the neglect of negotiation in "Street-Level Bureaucracy"[J]. Symbolic Interaction, 42(4): 513 – 538.

KEISER L R. Understanding street-level bureaucrats' decision making: determining eligibility in the social security disability program[J]. Public Administration Review, 2010, 70(2): 247 – 257.

KEULEMANS S, WALLE S V D, 2020. Understanding street-level bureaucrats' attitude towards clients: towards a measurement instrument[J]. Public Policy and Administration, 35(1): 84 – 113.

LIPSKY M, 1971. Street Level Bureaucracy and the analysis of urban reform[C].

LOYENS K, MAESSCHALCK J, 2010. Toward a theoretical framework for ethical decision making of street-level bureaucracy: existing models reconsidered [J]. Social Science Electronic Publishing, 42(1): 66 – 100.

LOTTA G S, MARQUES E C, 2020. How social networks affect policy implementation: an analysis of street-level bureaucrats' performance regarding a health policy [J]. Social Policy & Administration, 54(3): 345 – 360.

MAY P J, WINTER S C, 2009. Politicians, managers, and street-level bureaucrats: influences on policy implementation[J]. Journal of Public Administration Research & Theory, 19(3):

453 - 476.

MOHER D, SHAMSEER L, CLARKE M, et al, 2015. Preferred reporting items for systematic review and meta-analysis protocols (PRISMA-P) 2015 statement[J]. Systematic Reviews, 4(1): 1-9.

NIELSEN V L, 2006. Are street-level bureaucrats compelled or enticed to cope? [J]. Public Administration, 84(4): 861 - 889.

NOTHDURFTER U, HERMANS K, 2018. Meeting (or not) at the street level? A literature review on street-level research in public management, social policy and social work[J]. International Journal of Social Welfare, 27(3): 294 - 304.

PROTTAS, J. M, 1978. The power of the street-level bureaucrat in public service bureaucracies [J]. Urban Affairs Review, 13(3): 285 - 312.

PIORE M J, 2011. Beyond markets: sociology, street-level bureaucracy, and the management of the public sector[J]. Regulation & Governance, 5(1): 145 - 164.

PETER ANDRÉ BUSCH, HENRIKSEN H Z, 2018. Digital discretion: a systematic literature review of ICT and street-level discretion[J]. Information Polity, 23(1): 3 - 28.

RICHARD W, MICHAEL L, 1977. Street-level bureaucrats and institutional innovation: implementing special-education reform.[J]. Harvard Educational Review, 47(2): 171 - 197.

RINGQUIST E J, ANDERSON M R, 2013. Meta-analysis for public management and policy [M]. San Francisco: Jossey-Bass.

SHIM D C, PARK H H, EOM T H, 2017. Street-level bureaucrats' turnover intention: Does public service motivation matter? [J]. International Review of Administrative Sciences, 83 (3): 563 - 582.

SHELENA K, SANDRA G, 2019. Supervisory leadership at the frontlines: street-level discretion, supervisor influence, and street-level bureaucrats' attitude towards clients[J]. Journal of Public Administration Research and Theory, (2): 2.

TRANFIELD D, DENYER D, SMART P, 2003. Towards a methodology for developing evidence-informed management knowledge by means of systematic review[J]. British Journal of Management, 14(3): 207 - 222.

TUMMERS L, BEKKERS V, 2014. Policy implementation, street-level bureaucracy, and the importance of discretion[J]. Public Management Review, 16(4): 527 - 547.

TUMMERS L, ROCCO P, 2015. Serving clients when the server crashes: how frontline workers cope with e-government challenges[J]. Public Administration Review, 75(6): 817 - 827.

WEATHERLEY R, LIPSKY M, 1977. Street-level bureaucrats and institutional innovation: implementing special-education reform [J]. Harvard Educational Review, 47 (2): 171 - 197.

ZOURIDIS B S, 2010. From street-level to system-level bureaucracies: how information and communication technology is transforming administrative discretion and constitutional control[J]. Public Administration Review, 62(2): 174 – 184.

ZANG X, 2016. Research on street-level discretion in the west: past, present, and the future [J]. Chinese Political Science Review, 1(4): 610 – 622.

ZARYCHTA A, GRILLOS T, ANDERSSON K P, 2020. Public sector governance reform and the motivation of street-level bureaucrats in developing countries[J]. Public Administration Review, 80(1): 75 – 91.

The Issue Evolution and Methods Change of the Street-Level Bureaucratic Research: A Systematic Review

Ling Jiaheng   Gao Hongyi

Abstract: Since Lipsky put forward the concept of street-level bureaucracy, it has become one of the important topics of Public Administration. There are many related studies, but they lack systematic analysis. Using a systematic review method and based on the literature selection criteria declared by PRISMA, 45 of the 1462 related literatures from CNKI and Web of Science were selected as the core literature of street-level bureaucratic research, and the evolution of the topics and the changes in research methods were analyzed, and look forward to future trends. The study found that discretion, the logic of action, responsibility control, information technology, and street-level bureaucracy are the four core topics in the research. The research methods used in street-level bureaucracy have gone through three stages: normative research and case study, quantitative research becoming the mainstream, and methodological pluralism. In the comparison of relevant domestic and foreign studies, four characteristics can be found: the same structure of topics, obvious gaps, and the convergence of refined orientation and methods. The evolution of research topics and method changes together constitute the context and map of the knowledge production of street-level bureaucratic research, complete a systematic review, and further indicate the possible direction of future research.

Key words: street-level bureaucracy; systematic review; issue evolution; responsibility control; the logic of action

致 读 者

　　《实证社会科学》是由上海交通大学国际与公共事务学院主办的一本新的社会科学学术出版物,以实证性研究为导向,以构建学术交流平台、传递学术信息、推动实证性社会科学发展为宗旨,侧重收录社会学、政治学、经济学、法学和管理学等社会科学各个领域实证与探索的最新成果,包括实证研究方法的研究及探讨。

　　实证研究方法可以概括为通过对研究对象观察、实验和调查,获取客观材料,从个别到一般,归纳出事物的本质属性和发展规律的一种研究方法。实证社会科学研究不一定是量化研究;非量化研究,包括田野调查、案例分析、文本分析等都是实证研究的重要部分。本丛书致力于实证研究的前沿,遵循理论联系实际的原则,坚持学术性和应用性相结合,坚持社会科学的正确导向,严守学术规范,鼓励学术创新,以传播先进文化、推进知识增殖、促进实证研究繁荣为己任,注意发表具有理论深度和学术价值的实证性研究文章,以严谨朴实的编辑风格和深厚的学术底蕴,努力为社会科学工作者提供发表研究成果,传递和交流最新研究动态的平台与阵地,并为社会政策的实施提供理论和方法的支撑。本丛书主要收录社会学、政治学、经济学、法学和管理学等学科领域运用实证研究方法,所取得具有学术价值的研究成果。

　　《实证社会科学》突出实证性、学术性和探索性,主要读者为广大社会科学科研人员和社会科学实践从业者。

　　投稿约定:

　　(1)来稿必须具有创新性、学术性、科学性和准确性、规范性和可读性。

（2）来稿切勿一稿两投或多投。文稿自收到之日起,3个月内编辑部发出是否录用通知;逾期请及时通过邮件向编辑部查询。

（3）编辑部将按照规范的程序,聘请有关同行专家评审和丛书编委终审(三审制)。编辑部将根据评审意见公平、公正地决定稿件的取舍。

（4）稿件文责自负。编辑部对来稿有权作技术性和文字性修改,实质性内容修改须征得作者同意。

（5）凡向本丛书投稿者均同意文章经本丛书收录后,其著作权中的财产权(含各种介质、媒体及各种语言、各种形式)即让与本丛书。作者如不同意,请在来稿中申明。

（6）本丛书仅接受电子投稿,投稿文本格式请使用WORD版本字处理软件编辑。

投稿信箱：szshkx@ sjtu.edu.cn。

来稿要求和注意事项:

（1）来稿要求论点明确、数据可靠、逻辑严密、文字精练。文稿必须包括题名、作者姓名、单位及邮编、中英文摘要和关键词(3~8个)、中国图书资料分类号、第一作者简介(包括姓名、出生年、性别、学位、职称、研究方向、电子邮箱)。

（2）文题名恰当简明地反映文章的特定内容,要符合编制题录、索引和选定关键词等所遵循的原则,不使用非公知的缩略词、首字母缩写字符、代号等;也不能将原形词和缩略词同时列出;一般不用副题名,避免用"……的研究"等非特定词,中文题名一般不超过20个汉字,英文题名应与中文题名含义一致。

（3）论文摘要尽量写成报道性摘要,其内容独立于正文而存在,它能否准确、具体、完整地概括原文的创新之处,将直接决定论文是否被收录、阅读和引用,摘要长度一般不超过200~300字,英文摘要(100~150words)须与中文摘要相对应。摘要应回答好以下四方面问题:① 直接研究目的,可缺省;② 详细陈述过程和方法;③ 全面罗列结果和结论;④ 通过②与③两方面内容展示文中创新之处。中英文摘要一律采用第三人称表述,不使用"本文""作者"等作为主语。

（4）关键词选词要规范,应尽量从汉语主题词表中选取,未被词表收录的词如果确有必要也可作为关键词选用。中英文关键词应一一对应。

（5）论文正文(含图表)中的量和单位的使用必须符合中华人民共和国法定计量单位最新标准。文稿中外文字符的大小写、正斜体、黑白体、上下角标及易混淆的字母应打印清楚。

（6）文中图、表应有自明性,且随文出现。图中文字、符号、纵横坐标中的标值、标值线必须写清,标目应使用法定计量单位(一般不用中文表示)。文中表格一律使用"三线表",表的内容切忌与图和文字内容重复。

（7）正文内各级标题处理如下：一级标题为"一、二、三……",二级标题为"（一）（二）（三）……",三级标题为"1.2.3.……",四级标题为"（1）（2）（3）……"。一、二、三级标题各独占一行,其中一级标题居中,二、三级标题缩进两个字符左对齐;四级及以下标题后加句号且与正文连排。

（8）注释与参考文献

① 注释：注释主要用于对文章篇名、作者及文内某一特定内容作必要的解释或说明,序号一律采用"①、②、③……",每页重新编号。

② 稿件中凡采用他人研究成果或引述,在正文中采用括号注与文末列参考文献形式予以说明;正文括号注与文末参考文献必须一一对应。

引用原文文字过长(一般为 3 行以上)时,须将整个引文单独成段,并左缩进两个字符。段落字体为 5 号楷体,不加引号。

参考文献应是文中直接引用的公开出版物,以 5 篇以上为宜。文后参考文献表首先按文种集中,分为中文、日文、西文、俄文、其他文种 5 部分;然后按照作者姓氏的第一个字母依 A~Z 顺序和出版年排列。

示例：

尼葛洛庞帝,1996.数字化生存[M].胡泳,范海燕,译.海口：海南出版社.
于潇,刘义,柴跃廷,等,2012.互联网药品可信交易环境中主体资质审核备案模式[J].清华大学(自然科学版),52(11)：1518-1523.
杨宗英,1996.电子图书馆的现实模型[J].中国图书馆学报,(2)：24-29.
李炳穆,2008.韩国图书馆法[J/OL].图书情报工作,52(6)：6-12[2013-10-25].http://www.docin.com/p-400265742.html.
BAKER S K, JACKSON M E, 1995. The future of resource sharing[M]. New York：The

Haworth Press.

CHERNIK B E, 1982. Introduction to library services for library technicians[M]. Littleton, Colo.: Libraries Unlimited, Inc.

DOWLER L, 1995. The research university's dilemma: resource sharing and research in a transinstitutional environment[J]. Journal Library Administration, 21(1/2): 5 - 26.

SUNSTEIN C R, 1996. Social norms and social roles[J/OL]. Columbia Law Review, 96: 903 [2012 - 01 - 26]. Social norms and social roles. http://www.heinonline.org/HOL/Page? handle = hein.journals/clr96&id = 913&collection = journals&index = journals/clr.

正文引用文献的标注,细则如下:

A. 援引一部作品。

A1　一个作者时,列出作者和出版年份,中间用","隔开。

示例:(赵鼎新,2006)(Pollan, 2006)

A2　两个作者时,中文作品作者之间用"、"隔开,英文作者之间用 "and"相连。

示例:(王晓毅、渠敬东,2009)(Kossinets and Watts, 2009)

A3　三个作者时,中文作品的作者与作者之间用"、"隔开,英文前面两 个作者之间用","隔开,后两个作者之间用",and"隔开。

示例:(Halsey, Health, and Ridge, 1980)

A4　三个以上作者时,可以缩写,格式为第一作者加"等"(英文为 et al.)。

示例:(李培林等,2008)(Chen et al., 2014)

B. 援引同一作者两部及以上作品。

B1　不同年份作品。

不同著作的出版年之间用","隔开,即(责任者,年份1,年份2)。

示例:(李培林,1996,1998)

B2　同一年份作品。

引用同一作者同一年份作品时,用a,b,c……附在年份后,加以区别。 参考文献中的年份后同样有对应的a,b,c。

示例:(李培林,2010a,2010b,2011)

C. 援引不同作者的不同文献,不同文献之间用";"隔开。

示例:(McCarthy and Zald, 1973, 1977;Tilly, 1978;塔罗,2005;麦克

亚当等,2006)

  D. 以机构等作为责任者,在括号中标注机构的全名或者缩写。

  E. 未出版作品。基本格式为:(责任者,即将出版)。

  F. 转引作品。

示例:(转引自赫特尔,1988)

后　记

　　本卷的组稿与编纂工作始于 2023 年上半年,原计划于 2024 年出版。然而,编纂之际,我们痛失本卷主编樊博教授。樊博教授严谨治学、潜心育人,长期从事应急管理、数字治理研究,完成了一系列具有影响力的科研成果,是我国公共管理领域非常优秀的学者。他始终坚持《实证社会科学》所倡导的"发表具有理论深度和学术价值的实证性研究文章"理念,长期关心和支持着《实证社会科学》的发展。

　　易承志教授对本卷的编辑高度重视,从组稿策划、内容审定到细节把握亲力亲为,为本卷的出版提供了有力的支持。

　　诚挚地感谢支持本卷的文章作者不吝赐稿,以极大的耐心包容和支持本卷的出版。同时,向一直以来关注与支持《实证社会科学》的投稿人、评审人和学界同仁致以崇高的敬意和衷心的感谢。